VOYAGE IMPÉRIAL.

26-27-28-29-30 AOUT 1867.

VOYAGE IMPÉRIAL

DANS

LE NORD DE LA FRANCE

PAR

FLORIAN PHARAON

LILLE
IMPRIMERIE DE L. DANEL
1868

Le vingt-huit août mil six cent soixante-sept, Lille, après s'être vaillamment défendue pendant un siége qui dura neuf jours, ouvrit ses portes à Louis XIV.

Elle entrait en soldat, sous le baptême du feu, dans la grande famille française, en conservant ses priviléges, ses franchises et ses institutions municipales.

Elle était moins vaincue que soumise, et son assimilation à la France s'opéra avec une facilité et une rapidité remarquables.

C'est à ce glorieux anniversaire, que la ville de Lille célébrait pour la deuxième fois, que Leurs Majestés l'Empereur et l'Impératrice allaient assister.

I.

Le 26 août, à dix heures du matin, l'Empereur et l'Impératrice des Français arrivaient à la gare du chemin de fer du Nord, où Ils étaient reçus par M. le baron Haussmann, préfet de la Seine, M. Piétri, préfet de police et par M. le baron James de Rothschild, entourés des administrateurs de la Compagnie. Le soleil était rayonnant, et la foule, accourue pour saluer Leurs Majestés au passage, faisait retentir les voûtes de la gare de ses acclamations enthousiastes. Il y avait là plus qu'une ovation ordinaire : le peuple acclamait le Souverain revenant d'Allemagne, où il était allé faire une pieuse visite, et le Chef de l'État se rendant sur la frontière pour rehausser par sa présence les fêtes commémoratives de la réunion de la Flandre à la France.

Dans ce voyage, Leurs Majestés étaient accompagnées de :

S. Exc. le général Fleury, grand écuyer ;

Mmes de Sancy et Carette, dames d'honneur de Sa Majesté l'Impératrice ;

Melle de Klœckler, demoiselle d'honneur ;

Le général de division de Failly, aide-de-camp de l'Empereur ;

Le marquis d'Havrincourt, chambellan de l'Empereur ;

Le baron de Pierres, premier écuyer de l'Impératrice ;

M. le comte de Cossé-Brissac, chambellan de l'Impératrice ;

Le baron Morio de l'Isle, préfet du palais de l'Empereur ;

Le capitaine Dreysse, officier d'ordonnance de l'Empereur ;

Le capitaine Castaigne, officier d'ordonnance de l'Empereur ;

Le marquis de Piennes, chambellan de l'Impératrice ;

M. Raimbeaux, écuyer;

Et M. Piétri, secrétaire particulier de l'Empereur.

A dix heures et demie, le train impérial se mettait en marche sous la direction de M. Thouin, chef du mouvement du chemin de fer du Nord.

A son arrivée à Longueau, le train impérial fit un arrêt de quelques minutes et Leurs Majestés y furent saluées par M. Cornuau, conseiller d'État, préfet de la Somme, et par M. le duc de Vicence, sénateur. Malgré les ordres donnés, la gare avait été envahie par la population de Longueau et par celle des communes environnantes, qui était accourue à la nouvelle du passage de Leurs Majestés. Les acclamations les plus chaleureuses retentirent pendant toute la durée de ce court arrêt ; la foule, désireuse de voir de près l'Empereur et l'Impératrice, entourait le wagon impérial et venait battre les portières de ses flots tumultueux. Dans son cadre restreint, cette scène avait un caractère tout spécial et était le prélude des ovations réservées aux Illustres Voyageurs.

De Longueau à Arras, le trajet se fit d'une seule traite. Toutes les stations étaient pavoisées, et lorsque le train rapide les franchissait avec une rapidité vertigineuse, des bouffées de vivats arrivaient jusque dans les wagons.

Vers une heure le train impérial entrait en gare à Arras.

A la sortie du wagon, Leurs Majestés furent reçues par les autorités civiles et militaires du département du Pas-de-Calais, ayant à leur tête M. Paillard, préfet, M. Plichon, maire, et le général Veron de Bellecourt, commandant la subdivision militaire.

En présentant les clefs de la ville, M. le maire d'Arras prononça le discours suivant :

« Sire,

» Rentrées des dernières au sein de la grande famille nationale, mais de tout temps française par le cœur, nos provinces aiment à voir les fêtes qu'elles ont instituées pour célébrer le glorieux anniversaire de leur réunion à la France emprunter un nouveau lustre à votre présence, car, pour elles, l'amour et la pensée de la patrie ne se séparent pas de leur attachement à votre personne.

» Vous n'avez, elles le savent, douté ni de la force

ni de la sagesse de la France, soit quand il s'est agi d'aider des peuples amis à défendre leur indépendance ou à la fonder, soit quand, abaissant les barrières qui entravaient encore les échanges à nos frontières, vous avez imprimé un mouvement plus hardi aux efforts du commerce et de l'industrie nationale, soit enfin quand, développant progressivement nos institutions politiques, vous avez fait avancer la nation toujours davantage vers l'union désirable et difficile du pouvoir et de la liberté.

» Puisse le spectacle de sa puissance pacifique, élevée si haut sous votre règne, inspirer à ceux qui président aux destinées des peuples, avec le juste sentiment de ses forces, des pensées de concorde à l'égard de notre pays !

» La France est assez grande pour ne se point sentir diminuée, quelque transformation qui s'opère par delà ses limites, et pour souhaiter la paix avec dignité. Son honneur ne sera jamais en péril sous le sceptre d'un Napoléon.

» Madame,

» Les souvenirs et les vœux de cette cité tout entière n'ont jamais cessé de vous accompagner depuis le jour où vous vous y êtes arrêtée pour la première fois.

» Ils vous suivaient quand, il y a une année à peine presque à nos portes, vous veniez rassurer par votre présence les populations que désolait un fléau destructeur.

» Grâce au ciel, Dieu veille sur les princesses qui de la grandeur souveraine ne réclament d'autre privilége que celui de braver les périls des plus austères devoirs, et trouvent leur récompense dans les bénédictions des peuples qui prennent exemple sur leurs vertus.

» Sire, Madame,

» En vous exprimant aujourd'hui les sentiments de respectueuse fidélité qui animent tous les cœurs dans la vieille cité artésienne, permettez-nous de reporter aussi notre pensée vers ce jeune Prince qui, formé à de tels exemples, digne du nom qu'il porte, continuera les nobles traditions de sa Maison.

» Un présent glorieux ne suffit pas à un grand peuple, il veut un lendemain, et le Prince Impérial, c'est l'avenir de la France.

» Vive l'Empereur ! Vive l'Impératrice ! et Vive le Prince Impérial ! »

Ces cris nationaux furent répétés avec enthousiasme par la foule d'élite qui remplissait la gare et le salon d'honneur, et l'Empereur dut attendre quelques minutes que le silence fût rétabli pour répondre au discours de M. le maire d'Arras.

Lorsque le calme se fit, Sa Majesté l'Empereur, d'une voix sonore, adressa la réponse suivante au premier magistrat de la ville :

« Monsieur le Maire, je me retrouve avec plaisir
» au milieu de vous après un si long espace de temps,
» et j'ai saisi avec empressement l'occasion d'une
» fête nationale pour venir connaître vos désirs et
» vous assurer que ma sollicitude pour tous les inté-
» rêts du pays ne vous manquera jamais.

» Vous avez raison d'avoir confiance dans l'avenir,
» il n'y a que les gouvernements faibles qui cher-
» chent dans les complications extérieures une diver-
» sion aux embarras de l'intérieur. Mais quand on
» puise sa force dans la masse de la nation, on n'a
» qu'à faire son devoir, à satisfaire aux intérêts per-
» manents du pays, et, tout en maintenant haut le
» drapeau national, on ne se laisse pas aller à des
» entraînements intempestifs, quelque patriotiques
» qu'ils soient.

» Je vous remercie des sentiments que vous m'ex-
» primez pour l'Impératrice et pour mon Fils. Soyez
» sûr qu'ils partagent mon dévouement pour la
» France, et que leur plus grand bonheur serait de
» faire cesser toutes les misères et soulager toutes les
» infortunes. »

Les acclamations les plus chaleureuses accueillirent ce discours, et c'est au milieu des vivats que l'Empereur et l'Impératrice montèrent en voiture pour faire leur entrée à Arras.

En sortant de la gare, l'avenue qui conduit à la porte Napoléon était ornée de mâts au sommet desquels flottaient les couleurs nationales.

Le premier arc-de-triomphe sous lequel passèrent Leurs Majestés avait des proportions monumentales ; sur le frontispice on lisait les mots suivants :

A NAPOLÉON III LA VILLE D'ARRAS.

En entrant dans la ville par la rue Saint-Jean-Ronville, l'Empereur et l'Impératrice furent vivement acclamés par la population qui envahissait les rues trop étroites pour la contenir. Les cris de : Vive l'Empereur ! Vive l'Impératrice ! Vive le Prince Impérial ! ne cessèrent pendant les deux heures que dura la visite des Souverains. Toutes les fenêtres étaient pavoisées, et lorsque Leurs Majestés atteignirent la rue Ernestale, Elles la traversèrent sous un gracieux velum de tulle vert et blanc du plus ravissant effet.

Sa Majesté l'Impératrice fut chaleureusement acclamée sur la place du Théâtre par les sapeurs-pompiers d'Arras qui occupaient ce point sur lequel ils avaient groupé les pompes, les instruments et les appareils de sauvetage qui aident cette brave milice à accomplir sa mission de dévouement. Tout émue de cette ovation, l'Impératrice Eugénie saluait ces hommes habitués au danger et leur envoyait ses plus gracieux sourires.

En arrivant sur la place Saint-Waast, l'Empereur et l'Impératrice furent reçus sur le parvis de la cathédrale par tout le clergé du département ayant à sa tête Monseigneur l'évêque d'Arras. L'aspect de la place avait un caractère grandiose : le monument aux proportions gigantesques se détachait vigoureusement sur le ciel nuageux, et la foule grossissant sans cesse donnait à cette station une animation que la plume ne saurait décrire. Les vivats redoublèrent lorsque l'Empereur et l'Impératrice atteignirent le parvis, et ce fut au milieu des acclamations populaires que Monseigneur Lequette, exprimant les sentiments qui faisaient battre tous les cœurs, adressa aux Souverains l'allocution suivante :

« SIRE, MADAME,

» Ayant l'insigne honneur de recevoir Vos Majestés à l'entrée de cette basilique, où les conduit leur piété, je me reprocherais de doner à l'expression des sentiments du clergé un temps que ne permettent pas les trop courts instants dont Elles daignent honorer la ville d'Arras. Il me suffira de dire que l'évêque et ses prêtres comprennent et savent remplir avec fidélité les devoirs imposés par la religion dont ils sont les ministres à l'égard de ceux que Dieu prépose au gouvernement des peuples. Ils sont heureux de pouvoir en donner aujourd'hui un éclatant témoignage, lorsque, entourant Vos Majestés prosternées dans le sanctuaire, ils solliciteront du Seigneur pour Elles les bénédictions les plus abondantes.

» Ces bénédictions, Sire, Madame, nous les demanderons aussi non moins abondantes pour le Prince Impérial. Le clergé n'oublie pas qu'il est le filleul de Pie IX, et il s'en réjouit, parce qu'il sait que les prières que cette paternité spirituelle inspire au vicaire de Jésus-Christ seront le gage le plus assuré de la protection dont le Ciel couvrira cet Auguste Enfant pour le bonheur de la France.

» Sire, à ce temple où vous allez entrer se rattache un grand souvenir. C'est Napoléon Ier qui l'a soustrait à l'arrêt de destruction dont il était menacé. La tour qui doit couronner ce monument sacré est restée jusqu'ici inachevée. La ville d'Arras serait heureuse que l'érection de cette tour, accomplie sous le règne glorieux de Votre Majesté, lui permît d'associer dans un même sentiment de reconnaissance le nom de Napoléon III à celui de Napoléon Ier. »

L'Empereur répondit par quelques paroles pleines de bienveillance au discours du vénérable prélat, et faisant allusion au vœu émis dans la deuxième partie de son allocution relative à l'achèvement de la tour de la cathédrale, Sa Majesté promit qu'Elle s'efforcerait de concilier les exigences du budget avec les désirs du clergé et ceux de la population d'Arras.

Après avoir reçu la bénédiction épiscopale, Leurs Majestés se dirigèrent vers l'Hôtel-de-Ville, où devaient avoir lieu les réceptions officielles.

Sur la place Sainte-Croix se trouvait une exhibition des plus curieuses. Les Compagnies houillères du bassin de l'Artois avaient établi sur la place le fac-simile d'une exploitation houillère, telle qu'elle est disposée au-dessus d'une fosse en pleine extraction. Ce spécimen d'une industrie qui concourt dans de grandes proportions à la prospérité du département du Pas-de-Calais, était d'un effet très-pittoresque. Les mineurs, la lampe au chapeau, étaient harmonieusement groupés au milieu de cet atelier improvisé; la houille sous toutes ses formes et le travail qu'elle exige pour son extraction étaient admirablement représentés. Ici, était l'entrée du puits avec ses appareils de sauvetage; là, la grotte de houille; plus loin, les caveaux de la fosse avec ses railways. En un coup-d'œil on pouvait se rendre compte de ce travail gigantesque et de la vie pénible des mineurs. Leurs Majestés s'arrêtèrent quelques instants devant cette intéressante exhibition, et l'Empereur, toujours plein de sollicitude pour la classe ouvrière, s'informa auprès de M. Bigo, président du comité des houillères, de l'état de l'industrie, de son avenir et de la condition des mineurs dans ces travaux.

Ici se place un des incidents les plus gracieux du voyage. Au moment où Leurs Majestés allaient quitter la place Sainte-Croix au milieu des acclamations des mineurs, une charmante petite fille de cinq ans, aux joues rosées, aux cheveux blonds, au regard riant, s'approcha de la voiture impériale et tendit à l'Impératrice Eugénie un gros bouquet que ses petites mains avaient peine à tenir. L'Impératrice accueillit cet hommage avec la plus gracieuse bienveillance et reconnut dans la charmante donatrice la petite-fille du comte de Cherisay, chef d'escadron au 6° hussards et officier d'ordonnance de S. M. l'Empereur. La population entière applaudit à cette scène imprévue, et après le départ du cortége impérial, Mademoiselle de Cherisay, portée de bras en bras, fut déposée sur le seuil de sa demeure.

Avant d'arriver à l'Hôtel-de-Ville, Leurs Majestés traversèrent la grande place sur laquelle s'élevait une immense pyramide formée de sacs de grains; les bouteurs, les mesureurs et les porte-faix, en costume de travail, étaient pittoresquement étagés sur les assises de ce monument agricole.

Au fur et à mesure que le cortége impérial se rapprochait de l'Hôtel-de-Ville, la foule s'augmentait de toute la population qui peuplait les rues par lesquelles Leurs Majestés avaient passé. Aussi, la cohue était immense à la sortie de la petite place, et c'est avec les plus grandes difficultés que le piqueur de l'Empereur pouvait tracer une voie au milieu des flots de population qui se précipitaient jusque sous les pieds des chevaux pour saluer l'Empereur et l'Impératrice.

A leur entrée à l'Hôtel-de-Ville, Leurs Majestés furent accueillies par un redoublement de vivats auxquels se mêlaient le bruit du canon et le son des cloches lancées à toute volée.

L'Hôtel-de-Ville d'Arras est un des monuments les plus remarquables du Nord de la France. Bâti au commencement du XVIe siècle, il vient d'être habilement restauré par M. Mayeur, qui a su lui conserver le style gracieux dans lequel l'a conçu Jacques Caron. L'Empereur et l'Impératrice inauguraient par leur présence cette restauration d'une œuvre élégante, non seulement par les proportions pleines d'harmonie, mais encore par la richesse de l'ornementation et la délicatesse des détails qui la décorent. Sur sa façade se détachent, au-dessus d'une série d'arcades ogivales du plus pur style, des arabesques capricieusement enchevêtrées et des niellures que l'on croirait fouillées par le ciseau d'un artiste florentin.

Aussitôt que Leurs Majestés furent arrivées dans la grande salle de l'Hôtel-de-Ville, M. Paillard, préfet du Pas-de-Calais, fit les présentations à l'Empereur et à l'Impératrice.

Napoléon III s'entretint longuement des intérêts du département avec les différents personnages qui sont à la tête du mouvement industriel et agricole de l'Artois; et l'Impératrice Eugénie fit l'accueil le plus gracieux et le plus cordial aux dames de la ville, auprès desquelles Elle s'informa avec sollicitude des œuvres de bienfaisance organisées pour venir en aide à la population laborieuse de la contrée. Sans cesse préoccupée du bien-être des classes vouées au travail, l'Impératrice s'enquit longuement de la condition faite aux enfants des mineurs et des améliorations qu'il serait désirable de voir introduire dans la protection dévouée de l'enfance.

Lorsque Leurs Majestés quittèrent l'Hôtel-de-Ville, l'impression qu'Elles laissèrent aux cœurs des personnes admises à l'honneur de leur être présentées, était profonde, et c'est au milieu d'une ovation chaleureuse que l'Empereur et l'Impératrice montèrent en voiture pour rejoindre la gare.

Sur la place Saint-Géry, l'autorité avait réuni dans un parfait ensemble, de l'effet le plus pittoresque, tous les emblêmes représentant les intérêts maritimes du département. Un bateau de pêche, *Le Prince Impérial*, coquettement gréé et entouré de tous ses attributs, formait le centre de cette exhibition et représentait les villes de Calais, de Boulogne et du Portel. Les autres localités maritimes de la côte artésienne étaient venues se grouper autour de cette exposition centrale. Les marins et les marinières en élégant costume de travail donnaient un cachet d'une grande originalité à cette partie de la place, et Leurs Majestés prirent un véritable plaisir à admirer cette représentation intelligente d'une industrie qui concourt à la richesse du département du Pas-de-Calais.

En quittant la place Saint-Géry le cortége impérial arriva sur la place des États, où l'attention de Leurs Majestés fut vivement sollicitée par une exposition de l'effet le plus grandiose : L'outillage des grandes industries aux machines puissantes était exposé sur cette place, représentant le génie moderne dans toute sa force. Au-dessous d'un trophée artistement exécuté se lisait cette devise empruntée à un discours impérial :

« La science, en asservissant la matière, affranchit le travail. »

Toutes les grandes industries du Pas-de-Calais étaient représentées là ; on y remarquait les engins des fonderies de Blangy et les produits de l'usine de Biache-Saint-Waast qui fournit en quantité considérable le zinc, le cuivre, et alimente non seulement les marchés de France, mais encore ceux d'Espagne et d'Italie.

L'Empereur et l'Impératrice furent vivement acclamés par les ouvriers réunis sur ce point, et c'est accompagnées des vivats les plus chaleureux que Leurs Majestés atteignirent la rue Saint-Jean-Ronville par laquelle Elles avaient fait leur entrée à Arras.

A trois heures le train impérial reprenait sa marche vers Lille, au milieu des acclamations de la foule qui s'était portée en masse aux abords de la gare.

Sur tout le parcours d'Arras à Lille les populations rurales étaient échelonnées le long de la voie; les nombreuses fermes qui bordent le railway étaient pavoisées aux couleurs nationales et les hurrahs sympathiques des agriculteurs fendaient l'air pour saluer le train impérial dans sa marche rapide.

A Douai, le train ralentit son élan pour la traversée de la ville; les remparts étaient littéralement couverts de monde; et la gare envahie retentissait des cris enthousiastes de toute la population réunie sur ce point. En traversant le canal de la Scarpe, l'Empereur et l'Impératrice furent salués par les mariniers qui avaient massé leurs barques pavoisées de chaque côté du pont.

A cinq heures, le train impérial arriva à la gare de Saint-Sauveur, à Lille.

Leurs Majestés furent reçues par les autorités civiles et militaires sous un gracieux vélum richement pavoisé.

Dès que l'Empereur et l'Impératrice eurent descendu l'escalier du wagon, Leurs Majestés furent acclamées par l'assistance choisie qui encombrait la gare, et M. Crespel-Tilloy, maire de Lille, à la tête de son Conseil municipal, en présentant les clefs de la ville, s'exprima ainsi :

« SIRE,

» A pareille époque, il y a deux siècles, un prince dont le nom est glorieusement inscrit dans les fastes de l'histoire, Louis XIV, entrait en conquérant dans cette ville, et les habitants, rendant hommage au vainqueur, se félicitaient d'une défaite qui leur assurait la qualité de Français.

» Aujourd'hui, Sire, ce n'est plus un vainqueur qui entre dans nos murs, c'est un Souverain qui vient, sous le régime de la paix, et aux acclamations du peuple, visiter la nation rajeunie et transformée par sa volonté puissante. La municipalité éprouve un sentiment d'orgueil en lui présentant, comme un symbole d'autorité, ces clefs qu'en 1792 l'ennemi n'a pu arracher des mains patriotes de nos pères.

» Il était réservé à Napoléon III de couronner avec éclat l'œuvre de Louis XIV en y ajoutant un caractère de grandeur qui élève le chef-lieu du Nord au premier rang des places de guerre de l'Europe et des métropoles de l'industrie.

» A votre voix, ces murailles qui avaient soutenu des siéges mémorables, sont tombées pour se relever plus loin, laissant derrière elles de vastes espaces destinés, sous votre inspiration philanthropique, à l'établissement de nouvelles demeures dans des conditions larges et salubres.

» L'ancienne capitale des Flandres a quadruplé d'étendue, et simultanément sa fortune immobilière s'est accrue dans une proportion considérable.

» Votre haute et féconde initiative, Sire, est venue développer, comme par enchantement, les germes de prospérité que recélaient des terrains rendus improductifs jusque-là par le veto des servitudes militaires.

» Que Votre Majesté contemple donc son ouvrage avec satisfaction et daigne accueillir les témoignages d'amour et de dévouement d'une population reconnaissante dont les aspirations répondent sympathiquement à vos grandes vues.

» Vouée au travail et amie du progrès, cette population se sent soutenue dans ses espérances et rassurée sur son avenir par la foi qu'elle a dans le génie tutélaire de Votre Majesté, dans vos sentiments de justice distributive, dans la constante et paternelle sollicitude qui Vous anime pour les intérêts du peuple.

» Elle sait aussi que partout où il y a des souffrances à soulager, des consolations à répandre, les malheureux peuvent avec confiance élever les yeux vers notre Auguste Souveraine, toujours prête à donner l'exemple de la bienfaisance et de toutes les vertus qui sont le plus bel ornement de la couronne ; nous vous rendons grâces, Madame, d'avoir exaucé notre vœu le plus cher, en accompagnant ici l'Empereur.

» Votre apparition parmi nous, en cette solennelle circonstance, est un précieux encouragement pour le patronage de nos institutions charitables, des œuvres si méritoires de la maternité, des écoles, des salles d'asile qui sont placées sous votre haute protection.

» Que Vos Majestés daignent accueillir, avec leur bienveillance accoutumée, l'expression des sentiments dont je me rends ici l'interprète au nom de mes concitoyens, et qui se résument dans ce vœu sortant de tous les cœurs français : VIVE L'EMPEREUR ! VIVE L'IMPÉRATRICE ! VIVE LE PRINCE IMPÉRIAL ! »

Prononcées d'une voix calme et ferme, par le premier magistrat de la grande cité du Nord, ces paroles furent couvertes par les applaudissements de l'assistance dont elles exprimaient éloquemment les sentiments et les espérances. Lorsque le calme se fut rétabli, l'Empereur répondit en ces termes :

« Monsieur le Maire, Messieurs,

» Lorsqu'il y a quelques années je vins pour la
» première fois visiter le département du Nord,
» tout souriait à mes désirs. Je venais d'épouser
» l'Impératrice, et je puis dire que je venais aussi
» de me marier avec la France entière devant huit
» millions de témoins. L'ordre était rétabli, les
» passions politiques étaient assoupies, et j'en-
» trevoyais pour notre pays une nouvelle ère de
« grandeur et de prospérité.

» A l'intérieur, l'union de tous les bons citoyens
» faisait pressentir l'avénement paisible de la li-
» berté, et à l'extérieur, je voyais notre glorieux
» drapeau abriter toute cause juste et civilisatrice.

» Depuis quatorze ans, beaucoup de mes espé-
» rances se sont réalisées, de grands progrès se sont
» accomplis. Cependant des points noirs sont venus
» assombrir notre horizon. De même que la bonne
» fortune ne m'a pas ébloui, de même des revers
» passagers ne me décourageront pas. Et comment
» me découragerais-je, lorsque je vois d'un bout de

» la France à l'autre le Peuple saluer l'Impératrice
» et moi de ses acclamations en y associant sans
» cesse le nom de mon Fils !

» Aujourd'hui, je ne viens pas seulement fêter un
» glorieux anniversaire dans la capitale des an-
» ciennes Flandres, je viens m'enquérir de vos be-
» soins, relever le courage des uns, affermir la
» confiance de tous et tâcher d'accroître la prospérité
» de ce grand département en cherchant les moyens
» de développer encore davantage l'agriculture,
» l'industrie et le commerce.

» Vous m'aiderez, Messieurs, dans cette noble
» tâche; mais vous n'oublierez pas que la première
» condition de la prospérité d'une nation comme la
» nôtre, c'est d'avoir la conscience de sa force, de
» ne pas se laisser abattre par des craintes imagi-
» naires, et de compter sur la sagesse et le patrio-
» tisme du Gouvernement.

» L'Impératrice, touchée des sentiments que vous
» exprimez, se joint à moi pour vous remercier de
» votre chaleureux et sympathique accueil. »

Ce discours du Souverain d'un grand peuple émut
vivement toutes les personnes présentes et produisit
un effet immense. La France, calme dans sa force,

grande dans sa prospérité, venait, par la voix du Chef de l'État, rassurer tous les intérêts et affirmer la sagesse et le patriotisme du Gouvernement. A peine l'Empereur eut-il achevé les dernières phrases de ce discours énergique et pacifique tout à la fois, que les cris d'enthousiasme éclatèrent, répercutés par les cent mille voix qui allaient acclamer le Souverain à la sortie de la gare.

Depuis Douai le temps s'était assombri, de gros nuages sombres couraient dans le ciel et quelques roulements de tonnerre s'étaient fait entendre dans le lointain tandis que la foule silencieuse écoutait la parole de Napoléon III.

Les détachements de cent-gardes et des dragons de la garnison, qui précédaient le cortége impérial, avaient toutes les peines du monde à se frayer un passage au milieu des flots de peuple qui envahissaient les rues. Leurs Majestés arrivèrent à l'église Saint-Maurice où elles furent reçues par Monseigneur l'archevêque de Cambrai, qui, entouré de tout le clergé, leur adressa la harangue suivante:

« Sire, Madame,

» C'est pour nous un devoir et une religieuse habitude d'offrir à Dieu chaque jour des prières pour qu'il daigne partout et toujours protéger l'Empereur et son auguste Famille.

» Cette protection et ces bénédictions divines, nous sommes heureux, Sire, d'avoir aujourd'hui à les demander au Roi des Rois dans un sanctuaire où Vos Majestés Impériales viennent les implorer elles-mêmes.

» En priant au pied des autels, le clergé s'associe d'ailleurs cordialement à tous les hommages et à tous les vœux dont Votre Majesté reçoit l'ardente expression à son entrée dans cette grande ville : il partage les sentiments qui inspirent ces populaires et splendides démonstrations.

» Partout où Elle daignera porter ses pas en ce vaste diocèse, Votre Majesté sera, comme Elle a droit de l'être, entourée des témoignages éclatants de la reconnaissance publique.

» Les populations honnêtes et intelligentes dont le travail a élevé si haut notre agriculture et notre industrie comprennent ce qu'elles doivent à l'Empereur. Elles savent quel intérêt Votre Majesté porte aux classes laborieuses de la société, avec quelle constante sollicitude Elle patronne tous leurs intérêts, avec quel généreux empressement Elle vole au secours de toutes leurs infortunes.

» Ces sentiments, Sire, la religion les inspire et les commande : nous nous appliquerons toujours avec un soin consciencieux à les entretenir dans le cœur des ouvriers chrétiens au milieu desquels s'exerce notre ministère et s'écoule notre vie.

» Nous ne cesserons de rappeler à tous ceux qui écoutent notre voix que le respect et la fidélité envers le Souverain sont pour tous des devoirs de tous les temps.

» Puisse notre vigilance pastorale les prémunir contre ces doctrines irréligieuses qui menacent d'envahir notre société contemporaine, qui abaissent et flétrissent tout ce qu'elles touchent, et qui préparent, avec tous les autres désordres, les troubles politiques, en ôtant aux passions tout frein, aux consciences toute règle.

» Sire, notre Flandre a été catholique bien des siècles avant de devenir française. La génération qui l'habite actuellement est aussi profondément attachée à la vieille foi de ses pères que vaillamment dévouée à sa nouvelle patrie. Elle laisse avec une égale confiance à la garde de Votre Majesté l'indépendance, dans ses conditions normales, du Chef suprême de l'église et la grandeur de la France. Elle sera également reconnaissante de ce que vous continuerez de faire, Sire, pour sauvegarder ces deux grands intérêts de sa foi religieuse et de son patriotisme.

» Madame,

» Lille n'a point oublié qu'elle a eu le bonheur de posséder Votre Majesté dans ses murs, il y a quelques années : le souvenir de cette douce et gracieuse visite est resté vivant dans tous les cœurs. Les bénédictions de nos pauvres suivirent Votre Majesté lorsqu'elle nous quitta. Tous vos pas, Madame, sont ainsi marqués par vos bienfaits.

» Cette charité qui s'exerce chaque jour avec une si touchante et si modeste délicatesse, mais qui sait, lorsque de grandes calamités lui en offrent la douloureuse occasion, s'élever jusqu'à l'héroïsme, recevra ici-bas même, nous n'en saurions douter, une partie de sa récompense.

» Que cette récompense, Madame, soit celle qui peut le plus toucher votre cœur ! Que le Ciel vous l'accorde en la personne de votre Fils ! Que le Prince Impérial vive et grandisse sous la garde de Dieu ; qu'il se prépare, à mesure qu'il avancera en âge, à remplir glorieusement la haute mission que lui réserve la Providence ; qu'il réjouisse la piété de son auguste Mère ; qu'il comble tous les vœux de l'Empereur, et qu'il réalise toutes les espérances qu'il donne à la patrie ! »

L'Empereur accueillit avec une haute bienveillance ces paroles du digne prélat et le remercia, tant en son nom qu'au nom de l'Impératrice, de ne pas douter de leurs sentiments religieux. Sa Majesté termina sa courte réponse en demandant au vénérable évêque de continuer ses prières en faveur de la Dynastie.

Après avoir fait leurs dévotions, Leurs Majestés montèrent en voiture pour se rendre à l'hôtel de la Préfecture où était établie la résidence impériale. A ce moment, l'orage éclatait et une pluie torrentielle vint inonder les illustres Voyageurs. Un valet de pied voulut abaisser la capote de la calèche impériale, mais un geste de S. M. l'Impératrice l'arrêta.

Cet acte plein de courtoisie pour la population lilloise, qui elle-même affrontait la pluie pour voir passer ses Souverains, fut accueilli par des vivats frénétiques. Tandis qu'on les acclamait ainsi, l'Empereur et l'Impératrice, recevant stoïquement cette pluie torrentielle, saluaient gracieusement la foule qui de son côté leur manifestait, par des vivats chaleureux, sa gratitude pour une pareille délicatesse.

Leurs Majestés parcoururent pendant près de deux kilomètres une portion des nouveaux quartiers de la ville agrandie, la rue Impériale, le boulevard de l'Impératrice. Enfin, Elles firent leur entrée à la Résidence, complètement trempées par cette averse persistante.

A leur arrivée, Leurs Majestés furent reçues par une députation de jeunes filles, et l'une d'elles, mademoiselle Violette, fille d'un des adjoints, offrit en leur nom des fleurs à l'Impératrice en lui adressant les paroles suivantes :

« Madame,

» Bien des années se sont écoulées, depuis qu'une noble femme, la comtesse Jeanne régnait à Lille, visitant les malades, secourant les pauvres et ouvrant un asile à l'infortune. La comtesse Jeanne revit aujourd'hui, Madame, et la ville de Lille salue avec amour la douce légende du passé, sous les traits de l'Impératrice Eugénie, dont l'infatigable et courageuse bienfaisance attire les bénédictions du ciel sur le Prince Impérial, chère espérance de l'avenir. »

L'Impératrice répondit de la manière la plus affable à cette allocution, et embrassa la jeune fille. Puis, obligée de changer des vêtements qui ruisselaient, Sa Majesté voulut bien promettre, pour le lendemain, une audience aux Dames de Lille qui avaient sollicité l'honneur de lui être présentées.

L'Empereur, oubliant les fatigues de la journée,

reçut les autorités civiles, judiciaires et militaires de la ville et du département.

A sept heures et demie, l'Empereur et l'Impératrice présidaient à un grand dîner de quatre-vingts couverts, auquel assistaient M. le général de division de Ladmirauldt, commandant le 2° corps d'armée, M. Sencier, préfet du Nord, M. le général de Planhol, commandant la 3° division militaire, M. le général Jeanningros, commandant le département du Nord, M. Crespel-Tilloy, maire de Lille, M. le sénateur comte Mimerel, M. le premier président de la Cour impériale de Douai, les chefs des grands services départementaux, des membres du Conseil-d'État, des députés du Nord, des conseillers généraux.

Le temps s'était remis au beau dans la soirée, et la foule qui s'était dispersée un instant après l'arrivée de Leurs Majestés affluait de nouveau par les rues et sur les places. De mémoire de Lillois, on n'avait souvenance d'une pareille agglomération de peuple. Depuis le matin, le chemin de fer amenait à Lille, non seulement les habitants du département du Nord et des départements limitrophes, mais encore des convois entiers de voyageurs venant de la Belgique et même de Paris pour assister à cette fête commémorative. La gare étant insuffisante pour recevoir les arrivants, l'administration du chemin de fer du Nord dut, par mesure d'ordre, établir une annexe de débarquement à la gare de Saint-Sauveur, réservée au trafic des marchandises. Que l'on ajoute à cette invasion par les voies rapides l'arrivée continue depuis la veille des populations rurales de la circonscription de Lille et l'on n'aura encore qu'une faible idée de l'immense concours de monde qui se trouvait réuni pour acclamer Napoléon III et l'Impératrice Eugénie.

Dès huit heures du soir, la ville se pavoisa aux couleurs nationales, et toute la population, en masse compacte, ondulait plutôt qu'elle ne marchait sous l'éclat des lumières, bruyante et joyeuse et faisant éclater à tout instant son enthousiasme par ses cris de : Vive l'Empereur ! Vive l'Impératrice ! Vive le Prince Impérial !

A dix heures moins le quart, l'Empereur et l'Impératrice, accompagnés de leur Maison et de leurs invités, assistaient au théâtre à une représentation de gala donnée en leur honneur. A leur entrée dans la loge impériale, Leurs Majestés furent acclamées chaleureusement par la société d'élite qui encombrait la salle depuis le parterre jusqu'aux cintres. Le coup-d'œil était ravissant. Les galeries et les loges étaient occupées par les dames de la ville parées de riches toilettes, dont l'éclat rehaussait encore leur beauté, et sur tous les visages on lisait les sentiments sympathiques avec lesquels on accueillait les Nobles Visiteurs.

Après avoir assisté à la fin d'une pièce inédite de M. Ferrier, LA GAGEURE DE JUNON, jouée par Mademoiselle Ponsin et M. Coquelin, du Théâtre-Français, Leurs Majestés, pendant l'entr'acte, parurent au balcon du théâtre, où Elles furent longuement acclamées par la foule immense qui se pressait aux abords de la salle de spectacle. A leur rentrée dans la loge impériale, les acclamations de l'intérieur vinrent se confondre avec celles de la rue, et le silence ne fut rétabli que lorsque les sociétés chorales de Lille exécutèrent LA FRANCE ET L'EMPEREUR, cantate de M. Victor Delerue, mise en musique par M. Ferdinand Lavainne, laquelle fut vivement applaudie par tous les spectateurs.

A dix heures et demie, l'Empereur et l'Impératrice se retirèrent, accompagnés jusqu'à la Résidence par les vivats de la foule.

Tandis que le silence se faisait autour de l'hôtel de la Préfecture où reposaient les Hôtes illustres, la ville, brillamment illuminée, retentissait des cris joyeux de la population.

II.

Malgré la soirée prolongée de la veille, Lille était sur pied dès l'aube.

Comme il y a deux cents ans, jour pour jour, heure pour heure, la ville est en rumeur, mais au lieu du cliquetis des armes, on n'entend partout que des cris d'allégresse. A la pointe du jour, les cultivateurs endimanchés, montés dans leurs carrioles pavoisées aux couleurs nationales, affluent par toutes les voies et viennent renforcer le contingent des visiteurs. A huit heures, les rues sont envahies, et lorsque S. M. l'Empereur, en petite tenue de général de division, sort de la résidence impériale, accompagnée de M. de Forcade de la Roquette, ministre des travaux publics, de M. Sencier, préfet du Nord, du général de Failly, aide-de-camp de service, et de M. Crespel-Tilloy, maire de Lille, Sa Majesté est entourée par les populations rurales qui ont hâte de saluer le Souverain.

Les Dames de Lille n'avaient garde d'oublier la gracieuse promesse que leur avait faite l'Impératrice, une députation des diverses sociétés de bienfaisance se rendit à l'hôtel de la Préfecture, où les attendait Mme et Mlle Sencier. Mme la Préfette, avec l'affabilité gracieuse à laquelle elle a accoutumé la population lilloise, voulut présenter elle-même ces députations à Sa Majesté. L'Impératrice daigna s'entretenir spécialement avec Mme Briansiaux-Bigo, présidente de la Société Maternelle, et avec Mme Wallaert-Crépy, vice-présidente des Salles d'Asile; elle s'informa avec bonté de tout ce qui concernait ces deux sociétés et remit à Mmes Briansiaux et Wallaert deux médailles d'or, témoignage de haute sympathie pour les services constants rendus par elles depuis de longues années.

L'Empereur, avant de commencer la visite qu'Il avait promise à quelques établissements industriels, se rend à l'une des casernes de la ville. A son arrivée, le vainqueur de Solferino est acclamé par nos braves soldats, et tandis que Napoléon III s'informe auprès des officiers du bien-être de la troupe et des conditions du casernement, les cris patriotiques de Vive l'Empereur ! Vive l'Impératrice ! Vive le Prince Impérial ! éclatent avec une ardeur sans égale dans les rangs de l'armée.

Après cette courte visite de soldat à soldats, l'Empereur se dirige vers l'établissement de M. L. Danel.

L'Empereur, en visitant cet établissement, venait honorer une industrie qui compte cent soixante-neuf ans d'existence. L'imprimerie de M. L. Danel, fondée en 1698 par Liévin Danel, est restée jusqu'à nos jours dans la même famille. Chaque chef successif, marchant avec son siècle, a apporté de nouveaux procédés d'améliorations, ne conservant du fondateur de cette industrie que les traditions d'honneur et de probité qui ont placé cette maison au premier rang dans l'estime de ses concitoyens.

Dès huit heures du matin, les quatre cents ouvriers de M. L. Danel envahissaient l'imprimerie, qui occupe une superficie de cinq mille mètres. L'atelier forme un immense patio entouré d'un cloître, sur lequel court une galerie qui fait le tour de cet immense parallélogramme. Cette disposition, qui permet au chef de l'établissement de surveiller d'un coup-d'œil toutes les parties du travail, offrait un ensemble ravissant : les galeries étaient occupées par plus de cinq cents dames en riche toilette de ville, dont l'effet gracieux contrastait avec la mise sévère des travailleurs.

A son arrivée, l'Empereur fut reçu au pied du grand escalier par M. Léonard Danel entouré de sa famille. Sa Majesté à son entrée fut chaleureusement acclamée par toute l'assistance : aux vivats énergiques des ouvriers saluant le Souverain qui s'est donné pour mission la régénération du travail, venaient se joindre les acclamations plus contenues des dames, qui agitaient leurs mouchoirs.

Sous la conduite de M. Danel, l'Empereur examina d'abord les seize presses mécaniques et les dix laminoirs mus par une machine d'une construction admirable ; puis Sa Majesté passant dans la partie de l'atelier où sont installées les presses à bras, dites à la congrève, prêta une longue attention au travail qui se faisait sous ses yeux. Durant cette visite, qui se prolongea pendant une heure, Sa Majesté ne cessa de questionner M. Danel et prêta une oreille attentive aux explications qui lui étaient données. Après avoir minutieusement examiné les sections de l'atelier consacrées au brochage, à la fonderie des caractères, à la gravure et à la galvanoplastie, l'Empereur embrassait l'ensemble d'un dernier coup-d'œil lorsque M. Danel lui présenta un livre d'une grande beauté d'exécution, dont les trois premiers exemplaires avaient été tirés pendant le cours de sa visite. Ce volume, intitulé Le Prince Impérial, se compose de documents extraits du *Moniteur* relatifs au jeune Prince. L'Empereur accueillit cet hommage avec beaucoup de bienveillance, et après avoir félicité M. Danel sur la perfection de l'œuvre, Il lui tendit la main comme on la tend à un ami et lui remit la croix de Chevalier de la Légion-d'Honneur.

Il n'est pas possible de décrire l'explosion de vivats qui éclatèrent en ce moment : les cris de Vive l'Empereur ! Vive l'Impératrice ! Vive le Prince Impérial ! retentirent avec une énergie indescriptible, et consacrèrent la haute distinction dont M. L. Danel était l'objet. L'Empereur venait d'honorer toute une vie de travail et de dévouement aux classes laborieuses, et les ouvriers, en acclamant le Souverain avec cette unanimité chaleureuse, le remerciaient de l'acte de justice qu'il accomplissait. L'enthousiasme ne connut plus de bornes, lorsque Sa Majesté, en se retirant, tendit la main à Madame Danel tout émue de bonheur.

En quittant l'imprimerie Danel, l'Empereur se dirigea à travers les flots de la foule, vers la filature de lin de M. Dequoy. Là, comme chez M. Danel, Napoléon III fut accueilli par les vivats des ouvriers ;

et là, comme chez M. Danel, Sa Majesté prêta une grande attention à cette industrie d'un autre genre. L'Empereur suivit avec intérêt le travail de la filature, s'informant du sort des ouvriers si nombreux qui en vivent et étudiant les questions qui se rattachent à cette industrie, une des richesses du département du Nord. En quittant l'établissement, l'Empereur remit à M. Dequoy les insignes de Chevalier de la Légion-d'Honneur aux acclamations des ouvriers et se dirigea vers Fives, où s'élèvent les magnifiques ateliers de MM. Parent et Schaken. L'entrée de l'Empereur dans cette immense usine, fut pour le Souverain une nouvelle constatation des sentiments qui animent la classe ouvrière de Lille ; les hourrahs les plus chaleureux accompagnèrent Sa Majesté pendant tout le cours de sa visite. L'Empereur écouta avec sollicitude les renseignements qui lui étaient fournis sur cette industrie, qui vivifie sous toutes ses formes les forces productives de la France. M. Vallé, l'honorable directeur de ces importants travaux, fit couler devant l'Empereur un fort beau buste de Sa Majesté, et pour donner au Souverain une preuve de la puissance et de la rapidité de production, la fonderie créa en quelques minutes un balcon fort élégant sur lequel étaient gravés ces mots : Vive l'Empereur ! Vive l'Impératrice ! Vive le Prince Impérial ! En se retirant, l'Empereur décora de sa main M. Vallé, directeur des travaux, et M. Caillez, l'un des administrateurs de ce grand établissement, et n'oubliant pas les braves travailleurs qui concourent modestement à la grandeur industrielle de la France, il leur laissa deux mille francs de gratification.

En quittant l'usine de Fives, l'Empereur rentra par la porte de Tournai, et fit arrêter pendant quelques instants sa voiture devant la nouvelle gare des voyageurs, dont il loua les dispositions et la façade monumentale.

M. Sencier profita de la présence de Sa Majesté et de celle du Ministre des Travaux publics sur les lieux, pour leur expliquer l'urgence de terminer la rue de la Gare, qui doit assainir et vivifier tout un quartier. Napoléon III prêta une grande attention aux renseignements fournis par l'éminent administrateur du département du Nord, et après s'être rendu compte elle-même de la situation, Sa Majesté rentra à la Résidence au milieu des acclamations du peuple qui ne cessait d'affluer sur son passage.

Au milieu de la cour de l'hôtel de la Préfecture, Sa Majesté aperçut un postillon portant le costume classique, le chapeau enrubanné et orné de fleurs. Cet homme, qui se nomme Meslier, était une vieille connaissance : il avait eu le bonheur de participer à l'évasion de Ham, et il revenait saluer le fugitif d'autrefois. L'Empereur l'accueillit avec bienveillance, et ne le renvoya qu'après lui avoir laissé un souvenir de sa munificence.

Tandis que S. M. l'Empereur allait honorer de sa visite les hommes qui se dévouent au travail, S. M. l'Impératrice Eugénie, sans escorte et accompagnée de Mme Carette, de M. le marquis de la Jonquière, secrétaire-général de la Préfecture, de M. Delattre, adjoint, allait, en voiture découverte, visiter les asiles de la rue des Fossés-Neufs et de Saint-Gabriel, l'institution des sourdes-muettes et aveugles, l'hôpital Saint-Sauveur et les travaux de celui qui doit porter son nom. Partout Sa Majesté apporta, avec sa douceur angélique, des conseils, des consolations et des secours : partout elle laissa, comme une trace de son passage, ce souvenir touchant qui charme et fortifie les déshérités de la terre, parce qu'ils y puisent espoir et confiance en Celle qui est bien vraiment LA SŒUR DE CHARITÉ de tous les malheureux de notre patrie.

Les plans de l'hôpital Sainte-Eugénie, dont la première pierre fut posée le 15 août 1866, furent l'objet de l'attention spéciale de l'Impératrice, qui complimenta vivement M. Mourcou, l'architecte, sur l'aménagement et la distribution intérieure.

Pendant sa visite à l'hôpital Saint-Sauveur, visite qui ne dura pas moins d'une heure, Sa Majesté alla de lit en lit, ayant une parole de consolation pour chacun, relevant les courages abattus et semant partout autour d'Elle cette suprême consolation : la foi et l'espérance.

Lorsque l'Impératrice arriva devant la salle des fiévreux, M. le docteur Castelain, qui avait l'honneur de diriger sa visite, voulut l'arrêter, en lui disant :

— Je ne ferai pas entrer Votre Majesté dans cette salle; elle renferme cinquante-deux fiévreux.

— Ce sont précisément ceux-là qu'il faut voir.

Et brave et hardie, l'Impératrice Eugénie alla, de chevet en chevet, porter sa parole douce et fortifiante.

Le soir, plus d'une misère était soulagée et plus d'une douleur puisait, dans la pieuse apparition de la journée, des forces pour combattre le mal.

Vers les trois heures de l'après-midi, l'Empereur, accompagné des généraux de Ladmirault, Fleury, de Failly, de Planhol et de Jeanningros, arriva sur le boulevard de l'Impératrice pour passer la revue des troupes de la garnison, des sapeurs-pompiers, des canonniers sédentaires et d'une batterie d'artillerie venue de Douai.

L'affluence des spectateurs était énorme, et lorsque Napoléon III déboucha par le boulevard Vauban, les cris de Vive l'Empereur! éclatèrent avec un énergique élan, aussi bien des corps de la troupe que de la masse de la population.

Après avoir parcouru le front des lignes, l'Empereur remit les insignes de la décoration à un certain nombre d'officiers de la garnison, au capitaine Beghin, du corps des canonniers lillois, et au capitaine Sauvage, des pompiers municipaux. Sa Majesté voulut bien ensuite adresser des félicitations au général de Ladmirault sur la bonne tenue des troupes et sur l'ensemble des mouvements. L'illustre général, dont le nom est resté célèbre en Afrique, reçut au nom de l'armée les témoignages de satisfaction émis par l'Empereur, et sur un ordre donné par lui, le défilé commença. Les colonnes passèrent successivement devant le Souverain en l'acclamant avec un élan et un entrain qui assurent à la France de longs jours de gloire.

Aussitôt la revue terminée, l'Empereur monta en calèche découverte avec l'Impératrice et fit une promenade à travers la ville, au milieu des acclamations de la foule qui se pressait sur le passage de Leurs Majestés.

Le cortége, après avoir parcouru quelques-unes des rues principales, était rentré à la Résidence, et les Augustes Voyageurs prenaient un léger repos, lorsque M. le préfet vint dire à l'Empereur que de nombreuses demandes lui étaient respectueusement adressées pour que Leurs Majestés voulussent bien honorer de leur visite les travaux de l'église de Notre-Dame de la Treille et de Saint-Pierre.

Cette prière fut immédiatement exaucée et le cortége impérial se rendit sur les chantiers des travaux situés sur l'emplacement du château Du Buc, autour duquel vinrent se grouper les premières maisons qui devaient plus tard former la ville de Lille. La première pierre de cette église, destinée à remplacer l'ancienne collégiale de Saint-Pierre, détruite pendant la Révolution, fut posée le 1er juillet 1854 par Mgr. Régnier, archevêque de Cambrai.

A leur arrivée devant la basilique naissante, Leurs Majestés furent reçues par MM. Kolb-Bernard, le comte de Melun, le comte de Caulaincourt et Félix Dehau, membres de la commission, par les dames zélatrices et par M. Leroy, architecte. Tandis que ces personnages se mettaient à la disposition des Illustres Visiteurs pour les guider, la population, agglomérée sur ce point, ne cessait de faire retentir l'air de ses vivats les plus sympathiques.

Leurs Majestés commencèrent l'inspection des travaux par la partie supérieure de l'édifice en construction pour lequel on a adopté le style ogival du XIIIe siècle. Après avoir examiné les plans de la future basilique et parcouru la nef centrale, l'Impératrice exprima le désir de visiter la crypte où elle descendit appuyée sur le bras de l'Empereur. Cette crypte, qui s'étend sous l'édifice, est d'un aspect grandiose, et S. M. l'Impératrice exprima plusieurs fois sa satisfaction pour la parfaite exécution de cette partie des travaux. Après avoir fait une station à la chapelle de Notre-Dame des Sept-Douleurs, le Couple Impérial alla s'agenouiller devant la grande chapelle qui s'élève au fond de la basilique souterraine.

Au sortir de la crypte, l'Empereur et l'Impératrice furent accueillis par les vivats les plus enthousiastes, et les membres de la commission décidèrent, séance tenante, qu'une inscription lapidaire perpétuerait le souvenir de cette visite mémorable.

Le cortége impérial fut accompagné jusqu'à la Résidence par les acclamations de la foule charmée de la grâce de l'Impératrice et de la bonté de l'Empereur.

Le soir la ville était brillamment illuminée et toute la population se pressait en flots serrés dans les rues que l'Empereur et l'Impératrice devaient parcourir pour se rendre au bal donné à l'Hôtel-de-Ville.

Cet hôtel, bâti sur les plans de Benvignat, forme un vaste quadrilatère avec des pavillons d'angle en saillie. Il est construit sur l'emplacement du palais de Rihour, élevé en 1430 par Philippe-le-Bon, duc de Bourgogne. Il ne reste de l'ancien monument qu'un fort bel escalier et la salle du Conclave : cette salle est ornée de six tableaux d'Arnould de Vuez ; au couronnement de l'édifice se dressent deux statues fort remarquables de Bra : LILLE ARTISTIQUE et LILLE INDUSTRIELLE.

L'immense cour de l'hôtel avait été transformée en salle de bal ; un vélum gigantesque formait la voûte de laquelle descendait en grappes lumineuses une myriade de lustres en cristaux aux facettes scintillantes ; la galerie du premier étage, admirablement ornée de drapeaux et d'écussons, ouvrait ses baies, garnies d'invités, sur la salle et donnait un cachet babylonien à cette enceinte aux proportions grandioses ; à l'une des extrémités de la salle, sous un dais imposant par ses proportions, s'élevait un trône pour l'Empereur et l'Impératrice, et, lui faisant face, un escalier monumental à deux rampes, descendant d'une terrasse pleine de fleurs, arrivait par des courbes gracieuses dans la salle de bal dont les deux côtés étaient garnis de gradins fort élégants sur lesquels avaient pris place les dames de Lille. Au milieu de l'accolade formée par les deux escaliers, l'orchestre était installé, perdu au milieu des fleurs et des arbustes que reflétait une glace immense. L'aspect de la salle était réellement féerique et nous doutons que jamais fête ait eu un cadre plus harmonieusement grandiose.

Vers dix heures, Napoléon III et l'Impératrice Eugénie firent leur entrée dans la salle de bal par l'escalier monumental que nous avons essayé de décrire. La plume est impuissante à dépeindre l'accueil qui fut fait aux Souverains : une immense acclamation retentit à leur apparition et les cris enthousiastes de Vive l'Empereur ! Vive l'Impératrice ! Vive le Prince Impérial ! ne cessèrent que lorsque Leurs Majestés eurent pris place sur les siéges qui leur avaient été préparés sous le dais en velours rouge et or.

L'Empereur paraissait charmé d'aussi vives sympathies et l'expression affable et bienveillante de son visage trahissait assez les douces émotions de son cœur ; quant à l'Impératrice, sa beauté, la grâce exquise de sa personne, son sourire charmant, le goût parfait d'une toilette simple, tout exerçait sur l'assemblée ces séductions irrésistibles que l'on est heureux d'éprouver lorsqu'elles s'accordent dans une parfaite harmonie avec les beautés morales et la plus touchante vertu.

La salle était comble et ce fut à grand'peine que l'on put obtenir l'espace nécessaire pour organiser le quadrille d'honneur qui était composé de la manière suivante :

L'Empereur et Mme Crespel-Tilloy;
L'Impératrice et M. le maire de Lille;
M. Hamoir, député, et Melle A. Sencier;
M. Jules Brame, député, et Mme Sencier.

A peine le signal des danses fut-il donné par M. Galle, que le bal commença sur tous les points, et c'est au milieu de la joie universelle que Leurs Majestés, après une longue promenade autour de la salle, se retirèrent saluées au départ par les mêmes cris enthousiastes qui les avaient accueillies à leur entrée au sein de cette fête, dont la ville de Lille gardera toujours la mémoire.

III.

La matinée du 28 août fut consacrée par l'Empereur à travailler tour à tour avec M. de Forcade de la Roquette, ministre des travaux publics, et avec M. Sencier, préfet du département.

Vers dix heures, l'Empereur reçut dans le grand salon de la Préfecture MM. Aernouts, doyen de la paroisse Sainte-Catherine; Le Roy, juge d'instruction; Desmoutiers, conseiller général pour le canton de Pont-à-Marcq; Duhamel, maire de Merville; Druez, chef de division à la Préfecture; Grodée, secrétaire de la Mairie; Carlier, ancien notaire ; Victor Delerue, juge-de-paix ; Ferdinand Lavainne, compositeur, professeur au Conservatoire; Jules Leurent, conseiller général pour le canton de Tourcoing ; Mahieu-Delangre, filateur et fabricant de toiles à Armentières ; de Smyttère, maire de Cassel, auxquels Il décerna la croix de Chevalier de la Légion-d'Honneur.

En même temps, Sa Majesté remettait les insignes d'Officier de l'Ordre Impérial à M. Bigo, ancien maire de Lille, à M. Reynaert, directeur du musée et à M. Liénard, chef d'escadron commandant l'artillerie de la place.

A la sortie des nouveaux décorés la population agglomérée aux portes de la Résidence Impériale fit entendre les cris mille fois répétés de VIVE L'EMPEREUR! Chacun reconnaissait dans les nouveaux promus des hommes aimés et estimés pour les services rendus à la cité ou au département.

A partir de onze heures, la foule ne cessa de stationner sur le trajet qui conduit de l'Hôtel de la Préfecture à la gare Saint-Sauveur : on attendait le passage de Leurs Majestés qui devaient se rendre à Dunkerque.

A midi et demi, l'Empereur et l'Impératrice, accompagnés de S. Exc. le général Fleury, grand écuyer, des Officiers et des Dames de leurs Maisons, arrivèrent à la gare de Saint-Sauveur. La traversée de la ville fut, comme la veille, une longue ovation, et à leur arrivée à la gare Leurs Majestés y furent reçues par M. le général de Ladmirault et M. le préfet Sencier. Ces deux hauts fonctionnaires prirent place dans le train impérial conduit par MM. Ferdinand Mathias, ingénieur de la traction, et Lagarde, inspecteur principal de la deuxième section du chemin de fer du Nord.

Le départ eut lieu au milieu des vivats des Lillois réunis en foule aux portes de la gare, et le train, lancé à toute vitesse, franchit l'espace, salué sur tout le parcours par les acclamations des populations rurales échelonnées de chaque côté de la voie.

A Hazebrouck, le train s'arrêta cinq minutes dans la gare pavoisée, pour permettre aux autorités de la ville de venir saluer l'Empereur et l'Impératrice. La population de cette sous-préfecture, forçant la consigne, avait envahi la gare pour acclamer les Souverains, et les vivats les plus chaleureux ne cessèrent de retentir pendant ce court arrêt.

Le train impérial arriva à Dunkerque à deux heures. Leurs Majestés furent reçues à l'arrivée par les autorités civiles, judiciaires et militaires, ayant à leur tête M. Delelis, maire de Dunkerque, et M. le vicomte de Jessaint, sous-préfet.

M. Delelis présenta les clefs de la ville à l'Empereur et lui adressa le discours suivant :

« Sire,

» Lorsque vous fûtes porté sur le trône par la volonté nationale, le front couronné de l'auréole glorieuse du plus grand nom des temps modernes, le peuple français conçut l'espérance que votre règne serait marqué du sceau de la grandeur et de la prospérité.

» Ses pressentiments ne l'ont point trompé, nos aigles victorieuses et les merveilles exposées en ce moment au Champ-de-Mars attestent à l'univers entier que la France est toujours la grande nation.

» La patrie de l'héroïque Jean-Bart, devenue par son importance commerciale, le quatrième port de l'Empire, doit au gouvernement de Votre Majesté l'agrandissement de son enceinte, le développement de ses bassins à flot.

» Sire, les cris d'enthousiasme et de dévouement qui retentissent de toutes parts, témoignent des sentiments d'amour et de fidélité de cette population reconnaissante envers le Souverain qui, pour la seconde fois, daigne l'honorer de sa visite.

» Confiante dans la haute sagesse du Prince qui, depuis bientôt seize ans, préside avec tant d'éclat aux destinées d'un grand peuple et qui entoure d'une égale sollicitude toutes les provinces de son Empire, notre cité ose espérer, Sire, que vous mettrez le comble à vos bienfaits pour elle, en imprimant une active impulsion aux travaux ordonnés par le décret de 1861.

» Sire, avant de déposer ces clefs entre les mains de Votre Majeeté, qu'il me soit permis de confondre dans mes sentiments d'admiration sincère et de profond respect pour votre personne, l'Auguste Souveraine qui, par les charmes qu'elle répand sur le trône impérial, par ses vertus, par ses bienfaits, est la douce et puissante auxiliaire de votre belle mission.

» Sire, puisse la Providence exaucer les vœux que, du fond du cœur, nous formons pour la conservation des jours si précieux de Votre Majesté, pour ceux de l'Impératrice et du Prince Impérial, dont les destinées sont à jamais unies à celles de la France. »

Ce discours fut couvert par les acclamations de la réunion d'élite qui avait été admise à assister dans l'intérieur de la gare à l'arrivée de Leurs Majestés.

Lorsque les vivats eurent cessé de retentir, l'Empereur répondit dans les termes suivants :

« Monsieur le Maire,

» Je n'ai point voulu passer près de Dunkerque sans
» visiter cette ville qui a joué un si grand rôle dans
» nos annales nationales et donné tant de preuves
» de patriotisme.

» Je fonde de grandes espérances sur l'avenir
» commercial et industriel de Dunkerque, et, pour
» prouver l'intérêt que j'attache au développement
» de sa prospérité, j'ai amené, avec moi, le ministre
» des travaux publics, pour étudier une combi-
» naison qui permettra le prompt achèvement des
» travaux commencés.

» Je vous remercie, Monsieur le Maire, de l'accueil
» chaleureux et sympathique qui m'est fait ainsi
» qu'à l'Impératrice; je vous remercie également
» des sentiments patriotiques que vous exprimez
» pour le Prince Impérial, et des témoignages de
» votre dévouement sur lequel j'aime à compter. »

Leurs Majestés sont ensuite montées en voiture
et se sont rendues directement à l'église de Saint-

Éloi où elles ont été reçues sur le parvis par le clergé de la circonscription paroissiale de Dunkerque ayant à sa tête M. le curé-doyen Delaetre.

Après avoir entendu le *Domine Salvum fac Imperatorem*, Napoléon III et l'Impératrice Eugénie se dirigèrent vers l'hôtel de la Sous-Préfecture.

La plume ne saurait décrire les splendeurs de la ville; les ruelles les plus écartées étaient pavoisées, et quant aux rues qui étaient traversées par le cortége impérial, elles étaient littéralement couvertes de pavillons appartenant à toutes les nations du monde, depuis le disque japonais jusqu'au ciel étoilé de l'Amérique; la ville de Jean-Bart, fière de sa renommée, avait mis au vent tous les drapeaux que son activité maritime lui donnait le droit d'arborer ce jour là; les filets de pêche harmonieusement suspendus formaient des girandoles gracieuses dont l'uniformité était rompue par des guirlandes de fleurs aux couleurs éclatantes. Jamais semblable exhibition de pavillons et de fleurs ne se vit nulle part et l'imagination fantastique d'un poëte arabe n'eût pu rêver toilette plus complète pour une fille de la mer.

A leur arrivée à la Sous-Préfecture, Leurs Majestés furent reçues par M. le sous-préfet et Mme la vicomtesse de Jessaint, ainsi que par M. le maire de Dunkerque et Mme Delelis dont la fille vint, à la tête d'une députation de quarante jeunes personnes de la ville, offrir un magnifique bouquet à l'Impératrice en lui adressant quelques paroles gracieuses. Le corps des pêcheuses vint à son tour prier Sa Majesté de vouloir bien accepter au nom de cette corporation un poisson en or dans une corbeille de fleurs. Notre gracieuse Souveraine daigna accepter avec sa bonté habituelle les modestes offrandes, et trouvant dans sa sollicitude pour toutes les classes laborieuses des paroles pleines de charme pour remercier les pêcheuses de Dunkerque, Elle remit, souvenir pour souvenir, un très-beau médaillon à Mlle Delelis, une fort jolie bague, perles et diamants, forme coquille à la femme Catteau, et une très-belle croix, or et diamants, à la femme Delalande.

Les femmes des principaux fonctionnaires et notables de la ville ainsi que les dames qui s'occupent tout particulièrement des œuvres de bienfaisance, eurent l'honneur d'être présentées ensuite à Sa Majesté par Mme la vicomtesse de Jessaint.

Aussitôt après eut lieu la réception officielle des corps constitués et des fonctionnaires de toutes les administrations de l'arrondissement. Nous avons remarqué en outre quelques étrangers de distinction, notamment l'alderman Cottor qui était venu féliciter l'Empereur au nom de la cité de Londres, M. le commissaire de l'arrondissement de Furnes-Dixmude (Belgique); MM. Plichon et Seydoux, députés; le comte Dubois et Lestiboudois, conseillers d'État, avaient accompagné Leurs Majestés à Dunkerque. Pendant le cours de ces présentations l'Empereur a daigné remettre la croix d'Officier de la Légion-d'Honneur à MM. de Clebsattel, ancien député, membre du Conseil général du Nord, Amand Carlier, membre du Conseil général, président de la Chambre de commerce, et Mollet, ancien maire de Dunkerque; la croix de Chevalier à MM. Delelis, maire de Dunkerque, l'abbé Delautre, archiprêtre de Bergues, l'abbé Delaeter, doyen-curé de Saint-Éloi, Lemaire, docteur, médecin des épidémies.

Pendant les quelques instants que Leurs Majestés ont daigné passer au buffet, qui avait été préparé dans un des salons de la Sous-Préfecture, les diverses Sociétés chorales de la ville, sous la direction de M. Manotte, ont chanté avec beaucoup d'ensemble une cantate en l'honneur de l'Empereur.

Leurs Majestés sont remontées en voiture pour aller visiter le chenal, les bassins, les nouvelles fortifications ainsi que les immenses travaux du port en voie d'exécution. L'Empereur et l'Impératrice furent suivis, dans cette excursion, par toute la population dunkerquoise, et c'est au milieu d'une ovation continue et des plus spontanées que Leurs Majestés, accompagnées des personnes de leur Maison, du ministre des travaux publics, de M. le sous-préfet vicomte de Jessaint, de M. le maire de Dunkerque, de MM. les ingénieurs du port et d'un grand nombre d'autres fonctionnaires, visitèrent l'emplacement où doit être creusé le nouveau bassin qui, en assurant l'avenir de Dunkerque, dotera la France d'un établissement maritime de premier ordre.

En rentrant en ville, le cortége Impérial s'arrêta chez M. Broquant pour visiter sa fabrique de filets de pêche. Avant de quitter l'atelier de cet honorable industriel, l'Empereur lui remit la croix de Chevalier de la Légion-d'Honneur, pour le récompenser des efforts persévérants à l'aide desquels il est parvenu à créer une industrie réclamée depuis longtemps par les mariniers et si utile à l'extension et à la prospérité de nos entreprises de pêche.

Après cette visite, Leurs Majestés se dirigèrent vers la gare et le départ eut lieu à six heures passées, aux cris mille fois répétés comme à l'arrivée, de VIVE L'EMPEREUR! VIVE L'IMPÉRATRICE! VIVE LE PRINCE IMPÉRIAL!

L'Empereur laissait à Dunkerque M. de Forcade de la Roquette, ministre des travaux publics, avec mission de se rendre le lendemain à Gravelines pour visiter le port, en reconnaître l'importance et s'enquérir des besoins de la population.

En terminant ce compte-rendu, n'oublions pas de mentionner ici que l'Empereur, dans son inépuisable bonté pour la classe nécessiteuse, adressa peu de jours après à M. le sous-préfet de Dunkerque, par l'entremise de M. le préfet du Nord, la somme de 7,000 francs à répartir entre le bureau de bienfaisance, les salles d'asile, la crèche Sainte-Eugénie, les pêcheuses et les ouvriers du port et des fortifications. Les médaillés de Sainte-Hélène furent ainsi compris dans les générosités impériales.

Enfin Sa Majesté daigna également adresser à Mme la vicomtesse de Jessaint un très-beau bracelet comme témoignage du bon souvenir qu'elle avait conservé de sa visite à Dunkerque, et l'Impératrice voulut bien aussi envoyer un charmant médaillon à Mlle Broquant qui lui avait offert un bouquet à l'arrivée.

La rentrée à Lille eut lieu au milieu d'une affluence énorme de population dont l'accueil enthousiaste prouva une fois de plus aux Illustres Voyageurs quels sont les sentiments d'amour et de dévouement qui animent cette brave population ouvrière.

Pendant le dîner à la Préfecture, *l'Union chorale,* de Lille, se fit entendre. Après avoir applaudi, l'Empereur et l'Impératrice se levèrent de table et vinrent féliciter les chanteurs sur la perfection de leur exécution.

La magnifique salle de bal de l'Hôtel-de-Ville avait été convertie en salle de concert, et dès huit heures et demie elle était déjà comble. De mémoire de Lillois on n'avait vu pareille réunion : l'assistance était des plus brillantes et la salle offrait un coup-d'œil féerique.

Retenus par leurs devoirs d'hôtes à l'Hôtel de la Préfecture, l'Empereur et l'Impératrice n'arrivèrent qu'à onze heures. Acclamées sur tout le parcours qui sépare la Résidence de l'Hôtel-de-Ville, Leurs Majestés furent saluées à leur entrée dans la salle de concert par les vivats les plus chaleureux des dix mille auditeurs qui avaient pu assister à cette magnifique fête, et c'est à peine si, au milieu des acclamations, on pouvait distinguer l'air de la Reine Hortense que jouaient à grand orchestre les musiciens dirigés par M. Bénard.

Aussitôt que le calme fut rétabli, la Patti, Gardoni, Ciampi et le violoniste Sivori vinrent se faire entendre. Leurs Majestés donnèrent plusieurs fois le signal des applaudissements, et il était plus de minuit lorsque l'Empereur et l'Impératrice se retirèrent, aux acclamations de l'assistance.

L'ovation de la rue ne fut pas moins chaleureuse que celle de la réunion d'élite qui était dans la salle de concert, et rentrées dans leurs appartements, Leurs Majestés purent entendre encore les vivats qui ne cessaient de retentir.

IV.

Le jeudi 29 août, l'Empereur et l'Impératrice faisaient leur entrée à Tourcoing; Leurs Majestés étaient accompagnées de S. Exc. le général Fleury, de M. le général de Ladmirault, commandant le 2° corps, de M. Sencier, préfet du Nord, et des dames et officiers de leurs Maisons.

La ville tout entière était assemblée autour de la gare, et à la descente des wagons impériaux, Leurs Majestés furent reçues par les autorités de Tourcoing, ayant à leur tête M. Roussel-Defontaine, maire de la ville, qui prononça le discours suivant :

« Sire, Madame,

» Ce n'est pas sans un sentiment de fierté que nous inscrivons dans nos annales cette seconde visite, depuis quatorze ans, d'un Souverain dont le nom sera placé dans l'histoire à côté des plus illustres monarques, d'une Impératrice dont les vertus et la sublime charité inspirent à tous les cœurs une profonde admiration.

» Nous espérons qu'un jour prochain nous pourrons contempler les traits chéris du Prince Impérial, l'espoir de notre belle patrie.

» Sire, votre lettre du 15 août a eu un immense retentissement. Nous sommes convaincus que l'achèvement de nos voies de communication sera l'un des plus sûrs moyens d'accroître la force et la richesse de la France. Parmi les mesures relatives à l'amélioration de la navigation, nous Vous prions de vouloir bien faire comprendre la prompte exécution des travaux qui doivent relier les deux branches du canal de Roubaix.

» Nous Vous remercions de votre sollicitude incessante pour tous les grands intérêts du pays.

» Au nom des habitants de cette cité industrieuse qui renferme une population ouvrière, si honnête, si calme, nous venons déposer aux pieds de Vos Majestés l'expression des sentiments du plus inaltérable dévouement pour la Dynastie Impériale.

» VIVE L'EMPEREUR ! VIVE L'IMPÉRATRICE ! VIVE LE PRINCE IMPÉRIAL ! »

Ces cris furent chaleureusement répétés par les personnes qui étaient sur le quai de la gare. Lorsque l'enthousiasme se fut calmé, l'Empereur répondit au maire en ces termes :

« Je viens vous féliciter des succès obtenus par
» votre industrie ; je viens constater les progrès
» accomplis dans ces grandes cités qui portent à un
» si haut point la gloire de l'industrie française. »

Les paroles de l'Empereur furent accueillies par de nouveaux vivats et c'est au milieu de l'ovation populaire la plus enthousiaste que l'Empereur et l'Impératrice montèrent en voiture pour se rendre à l'Hôtel-de-Ville.

Dès huit heures du matin, une foule énorme d'étrangers venus des communes des deux cantons, de Menin, de Courtrai, Mouscron et autres localités belges, s'était placée dans les rues où les corps de musique et de pompiers, la belle compagnie des francs-tireurs en uniforme, les sociétés d'archers, de boule et autres jeux, s'étaient échelonnés avec les troupes de ligne arrivées la veille.

Les rues du parcours avaient été spontanément ornées par les habitants de fleurs, guirlandes, couronnes, inscriptions, dessins ingénieux formés avec des matières premières industrielles. A la sortie de la gare, l'administration municipale avait fait dresser un arc de triomphe aux proportions grandioses et décoré d'une manière on ne peut plus heureuse, la grande-place, coupée aux angles par de riches portiques, avait permis de grouper sur quatre points des devises à l'adresse de Lenrs Majestés et du Prince Impérial.

Toute la population ouvrière de Tourcoing, en habits de fête, était sur pied; hommes, femmes, enfants, envahissaient les rues, et le cortége Impérial ne pouvait qu'avancer au pas au milieu de cette foule bruyante qui ne cessait d'acclamer les Souverains avec un entrain que la plume est impuissante à décrire.

Les réceptions eurent lieu à l'Hôtel-de-Ville, décoré avec le meilleur goût, tant à l'extérieur qu'à l'intérieur.

Tandis que l'Empereur causait avec les maires des cantons et s'informait auprès d'eux de la situation des populations, mademoiselle Louise Roussel-Defontaine, avec une grâce charmante, adressait en ces termes la parole à Sa Majesté l'Impératrice :

« MADAME,

» Quand l'auguste Épouse du Prince que Dieu a choisi pour être l'arbitre de nos destinées daigne visiter notre industrieuse cité, nous sommes heureuses et fières de présenter à Votre Majesté l'hommage de notre reconnaissance, de contempler les traits de Celle que la France entière proclame l'Ange consolateur de toutes les misères, la Protectrice de toutes les œuvres de bienfaisance. Aussi demandons-nous au Ciel, avec tant de millions de voix qui bénissent votre nom, qu'il vous conserve à notre amour et qu'il veille sur les jours précieux de Sa Majesté l'Empereur et du jeune Prince, que les leçons de son Auguste Père et vos nobles inspirations préparent à faire un jour le bonheur des Français.

» C'est le vœu que la ville de Tourcoing forme avec toute la France. »

L'Impératrice remercia affectueusement mademoiselle Roussel et, après l'avoir cordialement embrassée, Elle s'informa auprès des dames présentes de l'état des institutions de bienfaisance de la ville de Tourcoing ; avec cette sollicitude pleine de grâce qui ne se dément jamais, Sa Majesté promit de concourir de tout son pouvoir à l'amélioration des salles d'asile.

A l'Hôtel-de-Ville, l'Empereur remit lui-même la croix de Chevalier de la Légion-d'Honneur à M. Deregnaucourt, doyen de Saint-Christophe, à M. Ph. Motte, vice-président du bureau de bienfaisance, et à M. Demesteere-Lemaitre, maire d'Halluin.

Puis l'Empereur et l'Impératrice se présentèrent au balcon de l'Hôtel-de-Ville pour saluer la foule compacte qui envahissait la Place. Les acclamations les plus énergiques éclatèrent à l'apparition de Leurs Majestés et du vieux doyen entraîné par Elles et confondu de tant d'honneur. Cette brave population ouvrière de Tourcoing exprimait par ses vivats chaleureux combien elle était heureuse de recevoir parmi elle le Souverain dont la haute sollicitude est entièrement occupée de l'amélioration du sort des classes laborieuses.

Au moment où Leurs Majestés sortaient de l'Hôtel-de-Ville, une petite fille, née le même jour que

S. A. le Prince Impérial, fut présentée à l'Impératrice et lui adressa, en lui présentant un magnifique bouquet, quelques paroles que l'illustre Marraine accueillit avec cette grâce charmante qui lui attache le cœur de tous ceux qui ont le bonheur de l'approcher. L'Impératrice embrassa sur les deux joues sa petite filleule, et après s'être informée de la position de sa famille, Elle promit de s'occuper de son sort.

Ce charmant incident n'avait pas échappé à la foule qui acclamait la Souveraine dont l'inépuisable bonté laisse partout des traces de son passage.

En quittant l'Hôtel-de-Ville Leurs Majestés ont visité l'hôpital où Elles sont restées environ une demi-heure. Dans la salle des hommes, Leurs Majestés allaient au lit de chaque malade prodiguer des consolations. Un jeune homme, à la figure pâle et défaite, attira surtout l'attention de l'Impératrice qui lui adressa quelques paroles très-affectueuses et prit sur sa santé les plus minutieuses informations. Comme le bouquet qu'elle portait à la main paraissait attirer ses regards, elle le lui présenta à diverses reprises. Cette action si simple en elle-même fut remarquée, et l'intéressant malade se montra extrêmement heureux de la délicate sollicitude dont il venait d'être l'objet. Après avoir constaté l'excellente tenue de cet établissement et de ses dépendances, l'Empereur manifesta sa satisfaction aux administrateurs et l'Impératrice trouva quelques paroles émues pour remercier les Sœurs de Charité de l'abnégation qu'elles apportent dans leur mission de dévouement.

De là l'Empereur et l'Impératrice se rendirent dans l'importante manufacture de MM. Réquillart, Roussel et Cie, qui fut fondée en 1828. Ces éminents industriels introduisirent les premiers en France les machines et les procédés les plus perfectionnés employés dans la fabrication des tapis.

L'Empereur et l'Impératrice en visitèrent avec un grand intérêt toutes les parties, depuis le magasin où l'on reçoit de l'Australie et des Indes anglaises la soie brute, jusqu'au vaste atelier où les métiers mécaniques tissent automatiquement la moquette.

Dans l'immense cour entourée par les ateliers, Leurs Majestée admirèrent un fort beau tapis présentant au milieu de dessins gracieux et éclatants, le chiffre impérial : au centre se détachaient deux tables de la loi renfermant les commandements de Dieu, et sur la bordure de ce tapis original étaient inscrits les noms des batailles du premier Empire.

Un métier sur lequel était posé un travail or et tapisserie marcha devant Leurs Majestés qui écoutèrent avec une vive attention les explications qui leur furent données sur ce travail merveilleux.

En quittant les ateliers l'Empereur et l'Imperatrice félicitèrent les représentants de cette importante industrie qui, outre l'établissement de Tourcoing, possèdent à Aubusson une fabrique de tapisseries où se font les étoffes de haute et basse lisse en points des Gobelins ou de la Savonnerie.

Lorsque Leurs Majestés montèrent en voiture pour se diriger vers Roubaix, les ouvriers firent entendre les vivats les plus enthousiastes, et c'est au milieu d'une ovation populaire des plus franches que l'Empereur et l'Impératrice quittèrent cette brave et laborieuse population ouvrière.

Sur le trajet, le Cortége Impérial s'arrêta quelques instants pour visiter les réservoirs de la Lys qui alimentent les deux villes de Roubaix et de Tourcoing.

Dans la rue de Roubaix, un mécanicien avait eu l'ingénieuse idée de placer au-dessus d'un portique une petite machine fonctionnant par la vapeur; cet emblême attira l'attention de Leurs Majestés.

Place Sébastopol, on avait formé un immense buisson de lauriers surmonté de la statue de Napoléon Ier. Cet hommage inattendu rendu au fondateur de sa dynastie parut impressionner vivement l'Empereur, qui se leva dans sa voiture et salua l'image du grand homme.

Leurs Majestés quittèrent le territoire de Tourcoing en laissant lire sur leur visage la satisfaction qu'Elles éprouvaient de la réception qui venait de leur être faite dans cette cité industrielle, et le salut affectueux que l'Empereur rendit aux membres de l'Administration municipale qui l'acclamaient une dernière fois en fût pour tous une preuve visible.

Roubaix, comme Tourcoing, s'était parée pour recevoir la visite impériale : les rues étaient pavoisées de drapeaux et des arcs de triomphe se dressaient sur plusieurs points de la ville.

A leur entrée l'Empereur et l'Impératrice passèrent sous un monument aux proportions imposantes, flanqué de quatre statues gigantesques représentant l'Industrie, le Commerce, l'Art et la Science. Au fronton de cet arc de triomphe on lisait l'inscription suivante :

SAGESSE, FORCE, BONTÉ, GRANDEUR,

TEL SERA L'HÉRITAGE DU PRINCE IMPÉRIAL.

L'entrée de Napoléon III et de l'Impératrice Eugénie à Roubaix fut saluée par les vivats de la foule, le son des cloches et les détonations de l'artillerie. La haie était formée sur le passage de Leurs Majestés par les compagnies de sapeurs-pompiers et les différentes sociétés d'arbalétriers de la ville.

Le coup-d'œil que présentait la place de l'Hôtel-de-Ville était vraiment féerique, et c'est aux cris mille fois répétés de Vive l'Empereur ! Vive l'Impératrice ! Vive le Prince Impérial ! que Leurs Majestés furent reçues au perron de l'Hôtel-de-Ville par M. Descat, maire, entouré des membres du conseil municipal et par M. le comte Mimerel, sénateur.

M. le maire adressa à Leurs Majestés le discours suivant :

« Sire, Madame,

» Je viens, au nom de notre cité industrielle, vous offrir toute notre reconnaissance pour l'honneur que vous daignez lui faire en venant de nouveau la visiter.

» Jamais Roubaix, par aucun Souverain, n'a ét si favorisé ; aussi l'amour et le dévouement le plus grand vous sont-ils pour toujours assurés.

» La visite de Vos Majestés, en 1853, fut pour nous le signal d'une prospérité qui, pendant douze ans, surpassa toutes nos espérances ; celle d'aujourd'hui nous donne un nouveau présage de bonheur pour l'avenir.

» Les vœux de tous sont : la continuation de la santé de Votre Majesté, de celle de l'Impératrice et du Prince Impérial.

» Puisse le Ciel vous accorder de longs jours !

Vive l'Empereur ! Vive l'Impératrice ! Vive le Prince Impérial ! »

L'Empereur répondit :

« Monsieur le Maire,

« Je reçois avec beaucoup de plaisir les félicitations
» que vous voulez bien m'adresser au nom de la ville
» de Roubaix. L'importance de votre industrieuse
» cité a toujours fixé mon attention ; persévérez dans
» les progrès que vous avez réalisés ; mon appui ne
» vous manquera jamais.

» Je vous remercie pour l'Impératrice et pour le

» Prince Impérial des vœux et des sentiments que
» vous venez d'exprimer. »

Ces paroles furent couvertes par les vivats de la foule, puis la réception officielle eut lieu dans le grand salon. Tandis que M. Sencier présentait à Sa Majesté l'Empereur les membres de l'administration et les principaux manufacturiers de Roubaix, madame Descat s'avançait vers Sa Majesté l'Impératrice, et en lui présentant les dames de Roubaix elle s'exprima ainsi :

« Madame,

» Que Votre Majesté daigne agréer l'expression de bonheur des dames de Roubaix que j'ai l'honneur de Lui présenter. Heureuses de votre sollicitude maternelle, le souvenir de votre auguste visite ne s'effacera jamais de nos cœurs. »

L'Impératrice Eugénie, visiblement émue de l'accueil qui lui était fait, exprima en termes gracieux les sentiments que lui inspirait une réception aussi sympathique. Puis Sa Majesté, toujours préoccupée de tout ce qui touche au bien-être des classes ouvrières, manifesta à Mme Descat le désir de se rendre dans la salle destinée à la maternité. Ce fut avec la plus grande surprise que Sa Majesté apprit que dans une ville où la population est si nombreuse, il n'existait ni crèches, ni salles d'asile. Sur l'invitation de l'Impératrice, Mme Descat, qui, il y a quelques années, avait pris sans succès l'initiative pour la création de ces institutions charitables, forte désormais de l'appui de l'Impératrice, promit de faire une nouvelle tentative pour réaliser prochainement le vœu exprimé par Sa Majesté.

A peine l'Impératrice avait-elle terminé sa conversation avec Mme Descat qu'Elle fut entourée par une ravissante députation de jeunes filles, ayant à leur tête Melle Césarine Parent qui, avec une grâce charmante, lui adressa les paroles suivantes :

« MADAME,

» Nous venons prier Votre Majesté d'agréer l'hommage de notre amour et de notre respectueux dévouement.

» Nous sommes heureuses et fières, Madame,

de la visite que Votre Majesté daigne faire à notre laborieuse cité.

» Les enfants de Roubaix n'oublieront jamais le jour où il leur a été permis d'approcher de l'Auguste Compagne de l'Empereur, de la Mère du Prince Impérial, l'espoir de la France.

» Que la Providence vous protége, qu'elle vous récompense, Madame, de votre sublime dévouement, de votre inépuisable charité envers tous les malheureux. »

L'Impératrice embrassa Melle Parent et lui exprima, ainsi qu'à ses compagnes, combien Elle était sensible à la gracieuse ovation dont Elle était l'objet.

Pendant ce temps l'Empereur causait des intérêts de la ville avec MM. les doyens, MM. Motte-Duthoit et J. Renaux-Lemerre, administrateurs de l'hôpital, M. Chieus, membre de la commission de salubrité, et M. Delfosse, président de la caisse d'épargne.

Après la présentation des Corps constitués, Sa Majesté l'Empereur, sur la proposition de M. le préfet, remit lui-même la croix de Chevalier de la Légion-d'Honneur à MM. Lecomte-Baillon, ancien receveur des finances, Motte-Duthoit, président de la commission des hospices, Grimonprez, capitaine des pompiers, Vallée, commissaire central, Renaux-Lemerre, adjoint au maire, membre de la commission des hospices et l'un des hommes les plus justement considérés de ses concitoyens.

Ce n'est qu'après avoir reçu une députation de la Société Française de bienfaisance de Gand que Leurs Majestés quittèrent l'Hôtel-de-Ville pour se rendre chez M. le sénateur Mimerel où le déjeûner devait avoir lieu.

Pendant la halte que l'Empereur et l'Impératrice avaient faite à l'Hôtel-de-Ville, la population de Roubaix s'était doublée de celle de Tourcoing et c'est au pas, au milieu des vivats frénétiques, que Leurs Majestés purent atteindre la demeure de l'honorable sénateur.

Pendant que les hôtes de M. Mimerel étaient à table, la Société Chorale, la Société Lyrique chantaient plusieurs cantates et la Grande Harmonie, musique fort bien dirigée par M. Victor Delannoy, fit entendre plusieurs morceaux de son répertoire.

Après le repas Leurs Majestés daignèrent recevoir les généraux belges envoyés pour porter au Souverain de la France les compliments et les félicitations de S. M. le Roi des Belges.

Au moment où l'Empereur et l'Impératrice allaient monter en voiture pour visiter diverses manufactures de Roubaix, un cultivateur de Croix, tenant un enfant par la main, s'approcha de S. M. l'Empereur.

— Voici votre filleul, Sire, dit le paysan.

Et le pauvre petit tout ému bredouilla un compliment parfaitement appris.

Pendant ce temps le père tout fier tendait à l'Empereur les pièces constatant que son fils était le filleul de l'Empereur et de l'Impératrice.

L'Empereur s'apprêtait à accueillir avec bienveillance ce brave homme lorsqu'il présenta à Sa Majesté, avec un air de triomphe, une montre, le boitier ouvert.

L'Empereur ne savait que penser de cette nouvelle exhibition; mais l'énigme fut vite devinée: sur le boitier était tracée une inscription rappelant que l'aïeul du cultivateur de Croix avait sauvé la vie au Prince Eugène de Beauharnais dans une bataille.

Cette scène naïve amena un sourire plein de bonté sur les lèvres de Leurs Majestés, et l'Empereur se penchant vers l'enfant lui demanda ce qu'il désirait.

— Être soldat! répondit bravement le futur maréchal de France.

Ce désir, tout français, sera certainement satisfait.

Tandis que Leurs Majestés se dirigeaient vers la

manufacture de M. Henri Delattre, filateur, M. le maire de Roubaix faisait connaître aux habitants de cette cité manufacturière que l'Empereur, sur la demande des patrons, venait d'accorder la grâce des ouvriers condamnés à la suite des émeutes de mars. Cette nouvelle fut accueillie par les vivats les plus enthousiastes, et c'est au milieu des acclamations les plus chaleureuses que Leurs Majestés firent leur entrée dans la filature de M. Henri Delattre.

Après avoir parcouru avec le plus grand intérêt cet établissement, l'Empereur et l'Impératrice allèrent visiter les immenses ateliers de M. Lefebvre-Ducateau. Là, Leurs Majestés assistèrent à la transformation de la laine en suint en étoffe; Elles s'informèrent auprès de M. Lefebvre-Ducateau des procédés ingénieux employés devant Elles, et Elles félicitèrent l'éminent manufacturier des progrès atteints par sa fabrication.

Avant de quitter Roubaix, l'Empereur et l'Impératrice se rendirent à l'hôpital. Pendant tout le cours de la visite, l'Impératrice Eugénie ne cessa de se préoccuper de l'organisation de cet établissement et des améliorations à apporter pour augmenter le bien-être des malades.

A trois heures et demie, l'Empereur et l'Impératrice arrivèrent à la gare au milieu d'un concours de population immense : il y avait là, sans exagération, plus de quatre-vingt mille ouvriers, et c'est au milieu des démonstrations les plus ardentes et des cris d'enthousiasme les plus formidables que le train impérial se mit en marche, acclamé sur tout le parcours par les populations riveraines de la voie.

A l'arrivée à Lille, un incident des plus piquants se produisit : par suite d'un malentendu, les voitures de la Cour n'étaient pas à la gare.

L'embarras était grand et Leurs Majestés allaient prendre bravement leur parti de traverser la ville à pied, lorsque l'Empereur avisa, dans un coin de l'enceinte de la gare, un modeste fiacre dont le cocher regardait d'un air émerveillé toute cette foule élégante.

Napoléon III lui fit signe d'approcher.

L'automédon, ne pouvant en croire ses yeux, ne broncha pas, et ce n'est qu'au second appel que, rouge comme une pivoine, il s'approcha des Illustres Voyageurs.

L'Empereur ouvre la portière, et l'Impératrice, souriante, franchit lestement le marchepied du char populaire. L'Empereur et le général Fleury prennent place à côté de l'Impératrice et l'Auguste Compagnie, fort égayée de cette petite aventure, se met en marche dans un incognito parfait, traversant les flots de populations échelonnées pour acclamer les Souverains.

Ce n'est qu'au milieu de la rue Esquermoise que l'incognito est trahi par le cocher triomphant, et les vivats acclament, avec une ardeur croissante, Napoléon III et l'Impératrice Eugénie.

Cet accueil, encore plus chaleureux que de coutume, était motivé par l'avis suivant qui avait été placardé dans la journée :

« Leurs Majestés l'Empereur et l'Impératrice sont tellement touchées de la réception qui leur a été faite à Lille, qu'Elles daignent prolonger leur séjour parmi nous. Leurs Majestés ont déclaré qu'Elles ne quitteront Lille que vendredi à une heure. »

V.

Toute la population lilloise était sur pied dans la matinée du vendredi 30 août. Le bruit s'était répandu dès la veille que Leurs Majestés consacreraient les dernières heures de leur séjour à Lille à visiter, l'Empereur la Bourse, l'Impératrice divers établissements hospitaliers de la banlieue.

A neuf heures du matin, Sa Majesté l'Impératrice, accompagnée de Melle de Sancy, dame d'honneur, de M. le comte de Cossé-Brissac, chambellan, de M. Sencier, préfet du Nord et de M. le baron de

Grenier, conseiller de Préfecture, quittait la Résidence impériale et se dirigeait vers Loos et Guermanez pour visiter ces deux pénitenciers et porter à ces populations malheureuses des paroles de consolation et d'encouragement. La traversée de la ville fut pour Sa Majesté l'Impératrice une nouvelle occasion de constater les sentiments qui animent cette bonne population lilloise : sur tout le parcours, l'Impératrice Eugénie fut saluée par les acclamations les plus enthousiastes.

Son arrivée à Loos fut le signal de manifestations non moins chaleureuses. Pleine de sollicitude pour toutes les misères, l'Impératrice Eugénie s'informa minutieusement de la situation matérielle des jeunes détenus et des moyens de moralisation employés pour ramener dans la voie du bien ces jeunes égarés chez la plupart desquels les sentiments honnêtes n'ont pas encore complètement disparu. Sa présence au milieu de cette population prématurément pervertie était un grand spectacle et chacun admirait la Souveraine s'enquérant des plus petits détails de la vie de ces malheureux voués, dès le berceau, aux mauvais instincts par la misère et l'ignorance.

Parmi les prisonniers, Sa Majesté reconnut deux enfants qu'Elle avait déjà eu occasion de voir dans une de ses pieuses visites à la Roquette. L'un d'eux était une de ces natures vigoureuses, indomptables, qui, suivant l'éducation reçue, deviennent de grands criminels ou des hommes supérieurs. Cet enfant, condamné pour je ne sais quel délit, avait conservé, pur, au fond de son cœur, le souvenir de la famille. Un mois auparavant il s'était évadé de la prison pour aller embrasser sa mère; bientôt repris, il fut ramené au pénitencier. Dans un moment de désespoir, au fond de son cachot, il se pendit et l'asphyxie était déjà presque complète lorsque les gardiens vinrent à son secours. Le directeur ne put obtenir de cette nature énergique et obstinée la promesse de renoncer à ces tentatives de suicide et d'évasion.

L'Impératrice essaya de ramener le jeune détenu à des sentiments meilleurs : l'enfant impassible, muet, ne répondait à aucune des questions posées par Sa Majesté. — Eh bien, dit la Souveraine, si tu veux t'évader encore, tu as raison de ne rien promettre, car on ne doit jamais manquer à sa parole. Cependant, si ce n'est pour toi, que ce soit pour moi, dis que tu n'essaieras plus de t'échapper.

L'enfant ému par tant de bonté promit et l'Impératrice emporta la parole du détenu.

Sa Majesté visita tout en détail, l'infirmerie, le magasin d'habillement, la boulangerie, la cuisine, et même les deux petites cellules disciplinaires. Elle n'eut que des éloges pour l'excellente tenue de cet établissement créé il y a vingt-trois ans, par l'initiative d'un homme de cœur.

Un état de propositions fut dressé par le directeur, et quelques jours après vingt-deux grâces étaient accordées. Le dimanche suivant, dans la grande cour, un dîner joyeux réunissait les détenus qui célébrèrent la clémence de la Souveraine, et chaque enfant puisa dans le souvenir de l'auguste visite, la volonté de rentrer dans le sentier du bien et l'espoir d'un avenir meilleur.

La visite à Guermanez suivit celle de Loos.

A midi, Sa Majesté rentrait à Lille, ayant accompli son touchant pèlerinage auprès des malheureux que l'inflexible loi avait dû frapper et que la Charité chrétienne venait de relever et de consoler par la voix de l'Impératrice.

Durant ce temps, Napoléon III s'apprêtait, de son côté, à se rendre à la Bourse, où se trouvait réuni tout le haut commerce lillois.

Au moment de quitter l'hôtel de la Préfecture, l'Empereur daigna recevoir un brave soldat de la grande armée, M. Florentin Landousies, de Trélon, arrondissement d'Avesnes. Ce vieillard de quatre-vingts ans, alerte comme un jeune voltigeur, portait le costume de maréchal-des-logis des chasseurs de la vieille garde ; il salua militairement l'Empereur, et lorsque Sa Majesté lui adressa la parole, le vieux soldat lui répondit d'une voix ferme :

— Sire, je n'ai pas voulu mourir avant d'avoir vu Napoléon III. De 1807 à 1815, j'ai suivi l'Empereur partout et je compte autant de blessures que d'années de service. Votre Majesté, en daignant m'admettre en sa présence, comble le dernier de mes vœux, et, maintenant, je puis aller rejoindre votre illustre oncle.

Le vieux soldat était tout ému.

L'Empereur s'informa avec bonté de sa position actuelle et, après avoir attentivement parcouru ses états de service, il lui remit la croix de Chevalier de la Légion-d'Honneur.

Rien ne saurait décrire la joie de Landousies ; le vieux soldat, tremblant de plaisir, ne sait comment exprimer sa reconnaissance ; enfin il n'y tient plus, et sa voix pleine de larmes fait entendre un énergique cri de VIVE L'EMPEREUR !

La foule était énorme en face de la Préfecture. On s'y entretenait beaucoup du vieux chasseur de la garde, et tout le monde attendait avec impatience le résultat de sa visite. Tout-à-coup, on vit le factionnaire placé sous la marquise de la Résidence, porter les armes au nouveau légionnaire qui, retrouvant ses jambes de vingt ans, courut se jeter, en pleurant de bonheur, dans les bras de son fils qui l'attendait dans la cour.

La foule, émue de cette scène touchante, fait entendre les vivats les plus chaleureux et acclame le vétéran du premier Empire, curieusement entouré par la foule avide de connaître les détails de l'entrevue.

Quelques instants après, Napoléon III, accompagné du général de Failly et des Officiers de sa Maison, descendait l'escalier et traversait la cour d'honneur pour se rendre à la Bourse. Rien ne saurait donner une idée de l'énergique ovation dont l'Empereur fut l'objet; les vivats les plus chaleureux éclatèrent, et lorsque l'Empereur salua en souriant le brave Landousies qui s'était mis au premier rang pour voir une dernière fois Napoléon III, les acclamations redoublèrent et l'enthousiasme atteignit au paroxysme.

Sa Majesté fut reçue à l'entrée de la Bourse aux cris de VIVE L'EMPEREUR ! VIVE L'IMPÉRATRICE ! VIVE LE PRINCE IMPÉRIAL ! par les membres de la Chambre de Commerce, ayant à leur tête leur président et leur vice-président; Elle s'avança jusqu'aux pieds de la statue érigée à l'Empereur Napoléon Ier où

M. Kuhlmann, président de la Chambre de Commerce, Lui adressa les paroles suivantes :

« Sire,

» Si cette modeste enceinte, consacrée à nos transactions commerciales, reçoit aujourd'hui pour la seconde fois l'insigne honneur de la visite de Votre Majesté, c'est qu'elle est devenue une sorte de Panthéon pour les créateurs des sources de travail qui ont fait la richesse et la prospérité du pays.

» La Chambre de Commerce de Lille avait jugé utile de placer les négociations commerciales sous l'influence heureuse et essentiellement moralisatrice de la mémoire du grand monarque, qui n'a pas seulement frappé d'admiration le monde entier, par ses exploits, mais qui fut aussi le grand législateur de son siècle. C'est à ce dernier titre que le Chef de votre Dynastie avait sa place marquée dans la Bourse d'une cité qui doit une grande partie de son importance au développement de deux industries dont Napoléon Ier est incontestablement le créateur : la fabrication du sucre de betteraves et la filature mécanique du lin.

» En 1853, la Chambre soumettait à Votre Majesté le projet d'ériger au milieu de cet édifice une statue à Napoléon Ier, protégeant de sa main puissante les attributs de ces deux grandes industries, et entouré de monuments destinés à perpétuer le souvenir des savants et des inventeurs qui se sont associés à ses efforts et ont contribué à la splendeur de son règne.

» Sire, la pensée de la Chambre de Commerce de Lille n'eut pas plus tôt reçu l'approbation de Votre Majesté qu'une souscription nationale vint réaliser le monument placé sous vos yeux.

» Bientôt la Chambre elle-même, avec ses modestes ressources, s'occupa de compléter l'ornementation de ces galeries où, aux monuments de Jacquart, de Philippe de Girard, de Chaptal, de Vauquelin, de Brongniart, de Monge, de Leblanc, de Ternan, de Gay-Lussac, viendront successivement se joindre ceux de Conté, d'Oberkampf, de Berthollet, d'Arago, de Prony et d'autres illustrations dont les noms restent trop souvent ignorés de ceux qu'ils ont enrichis par leurs découvertes.

» Votre Majesté, Sire, peut constater que les artistes éminents qui ont concouru à ces travaux, ont placé leur œuvre à la hauteur de la pensée qui l'a inspirée.

» En souvenir de la visite de Votre Majesté en 1853, et lors de la pose de la première pierre du monument, la Chambre avait fait frapper des médailles commémoratives. Fidèle à ces traditions, elle demandera, Sire, à votre ministre des finances l'autorisation de faire frapper vingt-cinq mille médailles destinées à rappeler un voyage qui aujourd'hui touche à sa fin, mais dont elle tient à honneur de marquer l'époque.

» Elle a voulu que tous ceux qui ont eu le bonheur de voir Votre Majesté, que les ouvriers eux-mêmes qui se sont pressés avec tant d'élan sur son passage pour l'acclamer, puissent posséder un témoin matériel, donnant une date certaine à des souvenirs ineffaçables.

» L'expression de cette résolution, prise par la Chambre, lui servira d'adieux auprès de Votre Majesté et de Sa Majesté l'Impératrice, qui s'est si intimement associée à toutes les marques de bienveillant intérêt et de généreux dévouement que vous avez accordées à nos laborieuses populations.

» Sire, si vous daignez signer le procès-verbal de cette visite, vous permettrez à la Chambre de Commerce de Lille de compter une page de plus de l'histoire de Votre Majesté dans cette enceinte, et le commerce lira tous les jours le témoignage d'une sympathique protection dont il s'efforcera de se rendre digne. »

Sa Majesté daigna répondre par quelques paroles empreintes de la plus grande bienveillance, et exprimer sa reconnaissance pour l'accueil que lui faisaient le Commerce et l'Industrie.

L'Empereur remercia en particulier la Chambre de la résolution prise de distribuer des médailles commémoratives de sa seconde visite à la Bourse et voulut bien accepter pour Lui et pour l'Impératrice, des mains de M. Kuhlmann, des exemplaires de la médaille, précédemment frappée à l'occasion de sa première visite.

Sa Majesté examina la statue de Napoléon Ier et parcourut les galeries de la Bourse où Elle remarqua les inscriptions consacrées à la mémoire des hommes qui ont réalisé les plus grands progrès dans l'industrie, ou aidé à ses développements, ainsi que l'inscription lapidaire qui rappelle sa première visite à la Bourse de Lille, le 24 septembre 1853.

Au moment de quitter la Bourse Sa Majesté exprima de nouveau sa satisfaction.

L'Empereur ajouta qu'Il n'ignorait pas l'état de malaise dont souffrent le commerce et l'industrie ; mais qu'Il avait la conviction que cet état était passager et ne tarderait pas à disparaître pour faire place à la prospérité dont avait joui le département du Nord pendant les dernières années, prospérité dont Il s'efforçait de hâter le retour par tous les moyens dont peut disposer Son Gouvernement.

Les acclamations qui avaient accueilli l'Empereur à son entrée ont de nouveau retenti plus vives et plus nombreuses.

Avant de se retirer Sa Majesté a bien voulu apposer sa signature sur le procès-verbal suivant :

« L'an mil huit cent soixante-sept, le trente août, à dix heures du matin, Sa Majesté l'Empereur Napoléon III a daigné visiter la Bourse de Lille.

» Sa Majesté a donné sa haute satisfaction à l'exécution des travaux dont la Chambre de Commerce lui avait soumis le projet, lors de sa première visite en 1853. »

A midi, l'Empereur rentrait à la Résidence presque en même temps que S. M. l'Impératrice revenait de sa pieuse tournée à Loos et à Guermanez. Dès leur retour, Leurs Majestés firent appeler M. Sencier, et l'Empereur remit à l'éminent administrateur du Nord les insignes de Grand-Officier de la Légion-d'Honneur. Cette nouvelle, rapidement répandue dans la ville de Lille, y fut accueillie par les plus vives sympathies de la population.

L'heure du départ allait sonner, lorsqu'une dernière requête fut adressée à Sa Majesté. Le doyen des musiciens lillois, le père des artistes de cette ville, M. P. Baumann, trop modeste pour rien demander, n'était pas décoré. Napoléon III, appréciant les services de l'éminent professeur du Conservatoire, et cédant aux vœux de toute une population, accorda à M. Baumann la croix de chevalier de la Légion-d'Honneur.

L'Empereur décora alors aussi M. Th. Barrois, adjoint au maire de Lille, et M. Binault, docteur en médecine, professeur de clinique à l'École de médecine de la même ville.

A une heure, le cortége impérial parcourait le même itinéraire qu'à l'arrivée pour se rendre à la gare; et Leurs Majestés recueillaient sur leur passage les derniers témoignages d'affection et de reconnaissance des Lillois. Les ovations de la foule furent plus chaleureuses, si c'est possible, qu'à l'arrivée : la brave population de Lille avait pu apprécier pendant le court séjour de Leurs Majesté, la sollicitude du Chef de l'État pour les intérêts moraux et matériels du pays, et les vertus élevées de l'Impératrice dont les charmes avaient su gagner tous les cœurs.

Le convoi impérial parti au milieu des acclamations les plus enthousiastes, arriva à Douai vers deux heures. La gare de Douai avait été pavoisée et une sorte d'exposition de l'industrie du pays installée sur les quais, donnait un caractère tout spécial à l'arrêt que l'Empereur allait faire. Leurs Majestés furent chaleureusement acclamées à l'arrivée du train ; et, pendant les quelques minutes que Leurs Majestés passèrent sur le quai de la gare, Elles purent se convaincre des sentiments d'amour et de dévouement qui animaient toute la population dont une grande partie était accourue des points extrêmes de l'arrondissement pour saluer l'Empereur et l'Impératrice.

Au moment du départ, M. le général de Ladmirault, commandant le 2ᵉ corps d'armée, et M. Sencier, préfet du Nord, qui avaient fait partie du convoi impérial jusqu'à Douai, prirent congé de Leurs Majestés pour rentrer à Lille, et le train impérial, lancé à toute vapeur, quitta la gare de Douai, aux vivats chaleureux de toute la population.

Un peu avant quatre heures, le train impérial arrivait à la gare d'Amiens et était salué par une salve de cent un coups de canon et le carillon de toutes les églises que dominait de sa voix formidable la grosse cloche du beffroi.

L'intérieur de la gare avait été richement pavoisé par les ordres de M. d'Arcangues, inspecteur principal au chemin de fer du Nord, et c'est sous un dais en velours rouge que Leurs Majestés furent reçues par M. Cornuau, conseiller d'État, préfet de la Somme, et M. Dhavernas, maire d'Amiens. Ces deux magistrats étaient entourés des membres du conseil général et du conseil municipal d'Amiens, du secrétaire-général de la préfecture et des autorités civiles et militaires du département.

M. le maire d'Amiens, en remettant à Leurs Majestés les clefs de la ville qui étaient portées sur un coussin en velours par M. Feuilloy, adjoint, prononça le discours suivant :

« Sire,

» La puissance, la bonté et la justice réalisent pour l'homme l'idéal de la perfection. Ces dons précieux font la gloire de Votre Majesté; la France le voit avec un légitime orgueil. Si Votre Majesté a fait éclater son génie, sa magnanimité sur les champs de bataille ; si dans la politique Elle a dévoilé toutes les ressources de son esprit, toutes les profondeurs de ses vues, dans le gouvernement de l'Empire Elle a révélé une étude consciencieuse des aspirations et des besoins des peuples, un désir inaltérable de rendre ses sujets aussi heureux qu'il est permis à l'humanité de l'être, en un mot, toutes les qualités qui chez un souverain charment, séduisent, entraînent. L'attachement à Votre Majesté n'est pas seulement un devoir, il répond à un sentiment qui vient du cœur, et c'est avec l'effusion de la gratitude et du bonheur que je présente à l'Empereur les clefs de sa bonne ville d'Amiens, si fidèle, si dévouée. »

« MADAME,

» Alors que nous étions dans le malheur, en proie aux horreurs d'un des plus grands fléaux qui aient désolé la terre, Votre Majesté, bannissant toute crainte et donnant l'exemple de l'héroïsme le plus parfait, est venue, comme un bon ange, nous apporter des encouragements et d'ineffables consolations. Le souvenir de tant de dévouement et d'abnégation est impérissable; déjà il a fait le tour du monde. Transmis par nous à nos enfants, il ira d'âge en âge jusqu'aux siècles les plus reculés. Une grande âme seule à pu inspirer un acte aussi éclatant; la charité la plus sublime seule aussi a pu l'accomplir. Notre respect et notre reconnaissance pour Votre Majesté font désormais partie de nous-mêmes et ne s'éteindront qu'avec nous. »

« Sire, Madame,

» Par les traces profondes que la Dynastie Napoléonienne a déjà laissées dans l'histoire, par les grands exemples que Son Altesse le Prince Impérial reçoit de ses augustes parents, il fait espérer à la France les plus brillantes destinées. De son étoile, que nous suivons tous des yeux et de la pensée avec une respectueuse sollicitude, s'échappent des rayons qui présagent la gloire, la prospérité et le bonheur. Puisse cette étoile briller toujours de l'éclat le plus vif et faire que l'Empire français reste ce qu'il est : la première nation du monde ! »

L'Empereur répondit au discours du maire :

« Monsieur le Maire,

» Je viens avec l'Impératrice de traverser la France
» de Strasbourg à Dunkerque, et l'accueil chaleu-
» reux et sympathique que nous avons reçu partout
» nous pénètre de la plus vive reconnaissance.

» Rien, je le constate avec bonheur, n'a pu ébranler
» la confiance que depuis bientôt vingt ans le peuple
» français a mise en moi. Il apprécie à leur juste
» valeur les difficultés que nous avons eues à sur-
» monter.

» L'insuccès de notre politique au-delà de l'Océan
» n'a pas diminué le prestige de nos armes, car par-
» tout le courage de nos soldats a vaincu toutes les
» résistances. Les événements qui se sont accomplis
» en Allemagne n'ont pas fait sortir notre pays d'une
» attitude digne et calme, et il compte avec raison sur
» le maintien de la paix. Les excitations d'un petit
» nombre n'ont pas fait perdre l'espoir de voir des
» institutions plus libérales s'introduire paisible-
» ment dans les mœurs publiques ; enfin la stagna-

» tion momentanée des transactions commerciales
» n'a pas empêché les classes industrielles de me
» témoigner leurs sympathies et de compter sur les
» efforts du Gouvernement pour donner aux affaires
» une nouvelle impulsion.

» Ces sentiments de confiance et de dévouement,
» je les retrouve avec plaisir à Amiens, dans ce
» département de la Somme qui m'a toujours montré
» un sincère attachement, et où un séjour de six
» ans m'a prouvé que le malheur est une bonne
» école pour apprendre à supporter le fardeau de la
» puissance et à éviter les écueils de la fortune.

» L'Impératrice est bien touchée de la manière
» dont vous lui rappelez sa visite de l'année dernière,
» et elle désire comme moi adresser ses remercie-
» ments à tous ceux qui, dans les mêmes circons-
» tances, ont fait preuve de tant d'abnégation et
» d'énergie.

» Mon fils sera digne de l'affection dont de toutes
» parts je reçois pour lui le témoignage. Il grandira
» avec la pensée que tout doit être sacrifié au bon-
» heur de la patrie. »

Les vivats les plus chaleureux éclatèrent aux derniers mots de ce discours, et Napoléon III put constater une fois de plus qu'il était en communauté d'actions et d'idées avec le pays. Le passage du discours où l'Empereur rappelait son séjour dans la forteresse de Ham émut vivement l'assistance ; quant à l'Impératrice Eugénie dont le souvenir est vivant parmi la population d'Amiens, Elle fut l'objet d'une ovation toute spéciale, et c'est aux cris mille fois répétés de Vive l'Empereur ! Vive l'Impératrice ! Vive le Prince Impérial ! que Leurs Majestés montèrent en voiture pour se rendre à la cathédrale.

Malgré le retard de vingt-quatre heures dans l'arrivée des Souverains à Amiens, l'affluence des populations rurales était immense ; tous les gens des environs avaient couché en ville, et l'impatience de la veille n'avait fait que surexciter le désir de voir l'Empereur et l'Impératrice. Le 29 au soir la ville avait été illuminée, et la municipalité, pour compenser autant qu'il était en son pouvoir, un retard qui était tout-à-fait indépendant de sa volonté, avait fait tirer un feu d'artifice sur la place Longueville.

Au sortir de la gare, le Cortége impérial se forma ; l'Empereur était en costume de général de division et l'Impératrice en toilette de ville d'une simplicité exquise.

La haie était formée par les sapeurs-pompiers et

les corporations ouvrières qui avaient peine à contenir la foule qui se pressait derrière eux. Le Cortége impérial, chaleureusement acclamé sur tout le parcours, se dirigea vers la cathédrale.

A l'entrée de la rue des Trois-Cailloux, Leurs Majestés passèrent sous un arc-de-triomphe qui rappelait d'une manière ostensible combien la ville d'Amiens a gardé le souvenir fidèle de la visite du 4 juillet 1866.

A cette date fatale, des voiles de deuil couvraient les façades des maisons, la terreur était partout, et les plus braves, las de la lutte qu'ils soutenaient contre le fléau terrible qui décimait la population d'Amiens, sentaient leur courage faiblir et l'espérance fuir leur cœur dévoué. L'Impératrice, en apprenant la misère de cette ville de l'Empire, se décida instantanément à aller Elle-même porter des consolations et des secours à cette malheureuse cité. Le 5 juillet dans la soirée elle apprenait la triste nouvelle, et le lendemain à huit heures du matin l'Impératrice Eugénie arrivait inopinément à l'Hôtel-Dieu d'Amiens.

Toute la France sait comment l'Impératrice accomplit cette mission qu'Elle s'était donnée : Sa Majesté parcourant une à une les salles de tous les hospices d'Amiens, allait de chevet en chevet, où

Elle apparaissait comme une vision céleste, relevant le courage de chacun. Calme, douce, stoïque, Elle trouva, indifférente au danger, une parole du cœur pour chaque souffrance.

Elle prend la main humide des cholériques et se penche sur eux pour mieux recueillir les quelques paroles que leur voix affaiblie prononce. La mort la précède dans cette pieuse visite ; Elle s'arrête devant le cadavre pour pleurer avec les orphelins, leur commander la résignation et leur tendre sa main d'Impératrice et de Mère : Elle adopte tous ceux qui restent seuls. Dans cette triste mission l'Impératrice est accompagnée de madame Cornuau qui, depuis le commencement de l'épidémie est sur la brèche, et ce n'est qu'après une longue journée pendant laquelle la vue de la souffrance n'a pu ralentir son zèle pieux, que l'Impératrice quitte Amiens, les yeux pleins de larmes et la prière au cœur, laissant derrière elle les souffrances consolées et les dévouements stimulés par un si haut exemple.

C'est ce souvenir, qui ne s'effacera jamais du cœur des habitants d'Amiens, que consacrait l'arc-de-triomphe élevé à la jonction de la rue des Trois-Cailloux et de la place Saint-Denis. Au frontispice se détachait un tableau à la détrempe représentant l'Impératrice Eugénie au chevet des cholériques et, sur des cartouches symétriquement disposés, on lisait les noms de l'Hôtel-Dieu, Notre-Dame, Saint-Jacques, Saint-Leu, Maison-Cossette, Petites-Sœurs, établissements hospitaliers que Sa Majesté avait visités à l'heure du danger.

A l'approche de ce monument, l'Impératrice eut une véritable ovation : aux cris de Vive l'Empereur ! Vive l'Impératrice ! Vive le Prince Impérial ! se mêlaient les cris de vive la Sœur de Charité ! honneur au courage ! honneur au dévouement ! C'est au milieu des acclamations les plus sympathiques et les plus chaleureuses que Leurs Majestés arrivèrent au parvis de la cathédrale, où Elles furent reçues par le clergé du département ayant à sa tête Monseigneur Boudinet, évêque d'Amiens, qui leur adressa le discours suivant :

« Sire,

» Quand Mgr. de Salinis, de douce mémoire, eut l'honneur de vous recevoir sous le portique de cette magnifique église, vous veniez d'épouser l'Impératrice et de vous marier avec la France devant huit millions de témoins : chers et glorieux souvenirs que

Votre Majesté vient d'évoquer à Lille, et qui, en rappelant à la France son bonheur et le vôtre, et à l'Église tant d'espérances, ont remué les fibres de tous les cœurs !

» Sire, ces prêtres que j'ai l'honneur de vous présenter ont surtout le droit d'être émus : car, pour continuer votre gracieuse image, après les huit millions de témoins, vous eussiez pu ajouter : et avec la bénédiction de cinquante mille prêtres. Qui ne sait, en effet, avec quel entrain ils marchaient à la tête de leurs paroisses à ces scrutins si libres et si sincères qui devaient tirer la France de l'abîme où ceux que vous appeliez les méchants l'avaient plongée ? Pour eux aussi, sans doute, quelques nuages ont pu assombrir l'horizon, mais leur dévouement est resté inébranlable : trop de paroles rassurantes sont tombées de vos lèvres, et des actes récents viennent d'ajouter encore à leur confiance. Ils sentent que les intérêts suprêmes qui tiennent le plus à leur cœur n'ont rien à craindre, puisque Votre Majesté entend toujours les défendre.

» Pèlerin à peine revenu de Rome, où cinq cents évêques ont pu se réunir librement autour de leur chef vénéré, que dirai-je, Sire, de mes sentiments personnels, sinon qu'évêque français, j'étais profondément touché et fier de ce que, même quand son drapeau ne flotte plus à Rome, la seule influence de la France y procure à l'Église cette sécurité ? Sire, soyez mille fois béni !

» Mais à vous, Madame, que dire ? que dire qui ne soit au-dessous des sentiments dont tout Amiens est pénétré ? Cette chère ville d'Amiens !.... Quel état et quel état ! Qu'avons-nous vu et que voyons-nous ? Alors, nos rues étaient désertes et pleuraient sous leurs tentures funèbres comme les rues de Sion : c'était le silence de la mort, les cloches ne sonnaient plus que des agonies, même en vous contemplant les regards étaient attristés !

» Et aujourd'hui, c'est l'ivresse du bonheur ; ces rues parées des plus riantes couleurs, tressaillent sous les pas des foules qui vous acclament ; les cloches envoient dans les airs leurs plus joyeuses volées, et tous les yeux brillent de la joie de vous voir. Et les cœurs, Madame, ah ! les cœurs, comme ils vous aiment et vous bénissent !

» Dans votre gracieux langage, vous appeliez cela aller au feu, la postérité dira : aller à la gloire, et nous, évêques, nous appelons cela aller au ciel. Non, ceux qui gagnent les batailles n'ont pas ce courage, et, vous me le pardonnerez, Sire, ils n'ont pas cette gloire.

» Le ciel ! en attendant la couronne qu'y tressent pour votre tête ces huit filles de la charité, *vos sœurs*, nos martyres de l'Hôtel-Dieu, la récompense de la terre, et certainement la plus douce pour votre cœur de mère, ne vous aura pas manqué. L'ange Raphaël disait à Tobie : « Pendant que tu ensevelissais les » morts, ta charité montait vers Dieu, et il m'a » envoyé pour guérir et sauver ton fils. » Madame, quand, penchée sur ces couches de douleur, vous consoliez nos pauvres cholériques, votre héroïque charité montait aussi vers le ciel, et, dans les jours d'épreuve, Dieu vous a envoyé son ange pour guérir et sauver votre fils.

» Et Dieu le gardera, Madame, pour votre bonheur et le bonheur de la France, cet auguste enfant, trois fois béni, puisqu'il est votre fils, le fils de l'Empereur et le fils de celui qui représente sur la terre *le Père qui est aux cieux.* »

L'Empereur répondit qu'il était heureux de se trouver en présence d'un prélat aussi vénéré, qu'Il était touché des sentiments chrétiens et patriotiques du clergé et, faisant allusion au passage du discours de Monseigneur Boudinet relatif à l'Impératrice, Sa Majesté dit qu'Elle avait puisé cette charité dans les sentiments chrétiens dont Elle s'honore et qui sont aussi les siens.

Après le TE DEUM Leurs Majestés se rendirent au Musée Napoléon où devaient avoir lieu les présentations. Un immense velum s'étendait au-dessus de l'allée centrale depuis la grille jusqu'à la façade, et l'escalier monumental était couvert de fleurs dont l'éclat se mariait harmonieusement aux tons sévères de la pierre et aux peintures décoratives de M. Puvis de Chavanes.

A leur arrivée, Leurs Majestés furent reçues par M. le préfet, M. le maire et Mesdames Cornuau et Dhavernas.

Une députation, ayant à sa tête Mademoiselle Legendre, offrit des fleurs à l'Impératrice et lui adressa ces gracieuses paroles :

« Madame,

» Désormais deux dates feront époque dans les annales de la ville d'Amiens.

» La première, gravée en traits ineffaçables au fond du cœur de chaque habitant de la cité, rappellera le jour où, descendant du Trône au chevet des malades, à la fois courageuse et simple, Votre Majesté est venue nous montrer que la plus grande gloire de notre rôle de femme est le dévouement.

» La seconde restera le souvenir d'allégresse et d'enthousiasme ; nos cœurs serrés naguère par les tristesses qui nous environnaient, s'épanouissent au bonheur de saluer notre Souveraine et de lui exprimer nos sentiments d'admiration et de gratitude.

» Votre sourire a réchauffé des mourants. Votre sourire aujourd'hui accueillera notre jeunesse qui entre dans la vie pour vous aimer et vous bénir.

» Daignez, Madame, accepter ces fleurs que la petite-fille d'un vieux et fidèle soldat de Napoléon Ier vient, au nom de ses compagnes, vous offrir comme le symbole des douces émotions de nos âmes.

» Nous demandons avec attendrissement à la divine Providence de répandre tous ses dons sur Vos Majestés. Dieu exaucera nos prières, expression sincère de notre dévouement à Celle dont l'angélique charité n'a d'égal que l'héroïsme. »

Puis le fils de M. Antoine, au nom des jeunes garçons d'Amiens, présenta à Leurs Majestés deux cygnes destinés au Prince Impérial, dont l'absence avait été universellement regrettée pendant toute la durée du voyage. En remettant ce don sympathique, M. Antoine fils s'adressa dans les termes suivants à Sa Majesté l'Impératrice :

« Madame,

» Nous espérions avoir le bonheur de recevoir Son Altesse le Prince Impérial, et de lui présenter, comme nos pères à Napoléon Ier et à Napoléon III lui-même, les cygnes que notre ville a coutume d'offrir aux Princes qui la visitent pour la première fois.

» Ne pouvant avoir cette joie qui eût été si douce pour nos jeunes cœurs, nous venons prier respectueusement Votre Majesté de daigner Lui faire agréer ce symbole de notre attachement. Puisse-t-il, en voyant notre humble hommage, accorder une pensée aux enfants d'Amiens qui s'efforceront d'acquitter, par leur amour pour le Fils, la dette de reconnaissance que notre ville natale a contractée envers son auguste Mère. »

L'Empereur et l'Impératrice accueillirent cet hommage gracieux avec une grande bienveillance, et ce fut au milieu des acclamations de la foule que Leurs Majestés firent leur entrée au salon de l'Empereur où devaient avoir lieu les réceptions.

Au bas du majestueux escalier qui donne accès au salon d'honneur, Leurs Majestés complimentèrent les membres de la commission du Musée Napoléon au zèle desquels la population d'Amiens doit l'érection de ce somptueux monument.

A leur entrée dans la salle où avait été élevé le trône, l'Empereur et l'Impératrice furent chaleureusement accueillis par les corps constitués qui leur furent successivement présentés par M. le préfet de la Somme. Leurs Majestés furent tour à tour haranguées par M. le président Hardouin, faisant fonctions de premier président de la Cour Impériale, par M. le duc de Vicence, sénateur, président du Conseil général, et par M. le procureur-général Sandbreuil, qui eut l'honneur de présenter à Leurs Majestés MM. les membres du Parquet et les juges de paix du département.

Les réceptions terminées, l'Empereur et l'Impératrice s'entretinrent longuement des intérêts du département avec les principaux personnages qui le représentaient. L'Empereur remit la croix de la Légion-d'Honneur à quelques personnes qui lui avaient été désignées pour cette haute distinction.

Au moment où Leurs Majestés arrivaient sous le vélum, Elles furent accostées par un homme des faubourgs tenant à la main un jeune enfant né le même jour que S. A. le Prince Impérial. L'enfant s'avança hardiment au-devant de Leurs Majestés et là, sans hésitation, il débita avec grâce le petit discours suivant, dont la rédaction naïve, inspirée par un homme du peuple, est digne d'être recueillie :

« SA MAJESTÉ MON PARRAIN,

« Et SA MAJESTÉ MA MARRAINE,

» Dieu a permis, le jour heureux de ma naissance, que vous ayez daigné décider, dans votre sagesse, que je serais votre filleul.

» Je suis, croyez-le, Sa Majesté mon Parrain et Sa Majesté ma Marraine, incapable de reconnaître une telle marque de distinction. Que puis-je faire pour vous marquer ma reconnaissance, si ce n'est vous assurer que tous les jours j'adresse mes prières au ciel pour qu'il Vous accorde, ainsi qu'à Votre illustre Compagne et à Votre digne Fils, l'espoir de la France, de longs jours exempts de tous soucis.

» VIVE SA MAJESTÉ MON PARRAIN ! VIVE SA MAJESTÉ MA MARRAINE ! VIVE SA MAJESTÉ LE PRINCE IMPÉRIAL ! »

Après avoir écouté avec bienveillance ce petit discours qui exprimait le vrai sentiment populaire, l'Empereur sourit à son filleul en le carressant et Sa Majesté l'Impératrice toute charmée de cette petite harangue imprévue, prit à deux mains la tête du jeune Louis-Napoléon Jérôme et le baisa sur le front. Quant à M. Jérôme père, il était ému jusqu'aux larmes. Il rentra triomphant à Saint-Maurice lez-Amiens, où cet épisode de la journée devint, pour les habitants du faubourg, l'événement le plus important du voyage impérial.

Avant de quitter la cour du Musée Napoléon, l'Empereur et l'Impératrice allèrent saluer les vieux soldats du premier Empire qui étaient groupés dans une des tribunes élevées de chaque côté du monument. La plus grande animation régnait dans ce groupe et c'est aux cris enthousiastes de Vive l'Empereur! Vive l'Impératrice! Vive le Prince Impérial! que Leurs Majestés furent saluées par les Médaillés de Sainte-Hélène, ayant à leur tête M. le baron de La Grange.

Leurs Majestés remarquèrent au milieu de ces derniers représentants d'une époque héroïque une vieille femme portant sur son fichu la médaille commémorative. L'Empereur et l'Impératrice s'avancèrent vers elle et la questionnèrent ; ses réparties très-nettes et très-originales firent sourire plus d'une fois ses Illustres Interlocuteurs. Son histoire d'ailleurs est des plus curieuses et mériterait une mention dans l'histoire de la grande épopée Napoléonienne.

La femme Desmarest qui porte aujourd'hui allègrement ses quatre-vingt-six ans, était une pimpante vivandière, brave au feu et dévouée au camp. Son mari ayant déserté, elle ne trouva d'autre moyen d'effacer cet acte honteux qu'en endossant son uniforme et en allant bravement se battre, en 1815, dans les rangs de la garde nationale active. Au siége de Maubeuge, la femme réhabilita le nom qui avait été flétri par le mari. La pauvre héroïne vit modestement aujourd'hui à Corbie, rêvant aux prouesses de sa jeunesse.

L'Empereur et l'Impératrice ne quittèrent le Musée Napoléon qu'après avoir accueilli les hommages des Sœurs de Charité desservant les hospices d'Amiens; Leurs Majestés montèrent ensuite en voiture pour se diriger vers la gare. Les rues des Rabuissons, Duméril, de Beauvais que suivait le cortége impérial, étaient littéralement envahies. Sur les boulevards, Leurs Majestés furent chaleureusement acclamées par les pompiers accourus de tous les points du département et qui formaient la haie sur leur passage.

A six heures et demie, Leurs Majestés arrivaient à la gare. Un instant après, l'Empereur et l'Impératrice se dirigeaient vers Paris, emportant un nouveau témoignage de dévouement profond et sincère de la ville d'Amiens pour la Dynastie Napoléonienne.

A l'arrivée à Paris, l'Empereur, avant de quitter la gare, fit venir M. le baron de Saint-Didier, administrateur du Nord, délégué par le Comité de la Compagnie pour la représenter durant le voyage, et M. Petiet, ingénieur chef de l'exploitation, qui n'avait cessé d'accompagner le train impérial; Sa Majesté daigna complimenter ces Messieurs dans les termes les plus flatteurs, sur l'excellente organisation du service.

VI.

Le voyage de Napoléon III et de l'Impératrice avait été une longue ovation et jamais la population du Nord ne s'est montrée plus enthousiaste pour l'Élu de la France.

Les fêtes de Lille avaient été réellement les fêtes du patriotisme, et Napoléon III, ainsi que l'Impératrice Eugénie, conserveront précieusement le souvenir de ce voyage mémorable.

Leurs Majestés effectuèrent leur retour à Paris le 30 août, à neuf heures du soir.

Malgré l'heure avancée de la soirée, la foule était énorme aux abords de la gare du Nord et les Souverains firent leur entrée dans la capitale de la France aux cris mille fois répétés de Vive l'Empereur ! Vive l'Impératrice ! Vive le Prince Impérial !

www.ingramcontent.com/pod-product-compliance
Lightning Source LLC
Chambersburg PA
CBHW070515100426
42743CB00010B/1835